Les Éconoclastes

Petit bréviaire des idées reçues en économie

ÉDITIONS LA DÉCOUVERTE
9 *bis*, rue Abel-Hovelacque
PARIS XIIIe
2003

Pour en savoir plus sur le Mouvement pour la réforme
de l'enseignement de l'économie, voir le site :
<http ://www.autisme-economie.org>.

Catalogage Électre-Bibliographie

LES ÉCONOCLASTES.
Petit bréviaire des idées reçues en économie / Les Éconoclastes. – Paris : La Découverte, 2003. – (Cahiers libres)
ISBN 2-7071-3974-2

Rameau :	information économique économie politique
Dewey :	330.1 : Économie générale. Théorie générale de l'économie
Public concerné :	Niveau universitaire. Public motivé

Si vous désirez être tenu régulièrement informé de nos parutions, il vous suffit d'envoyer vos nom et adresse aux Éditions La Découverte, 9 *bis*, rue Abel-Hovelacque, 75013 Paris. Vous recevrez gratuitement notre bulletin trimestriel ***À La Découverte***. Vous pouvez également nous contacter sur notre site **www.editionsladecouverte.fr**.

Avant-propos

Notre époque nous submerge d'informations « économiques » : cours de la Bourse, chiffres de déficits budgétaires, taux de chômage, inflation, prévisions de croissance, etc., rythment nos journées. Qui se souvient encore qu'il n'en fut pas toujours ainsi ? Face à ce déluge d'informations (souvent contradictoires...), deux sentiments se mêlent. D'une part, tout cela semble terriblement compliqué : qui connaît le nom des quarante entreprises regroupées dans le « CAC 40 », sans parler de la signification de ces trois mystérieuses lettres ? D'autre part, nous avons souvent le sentiment d'être soumis à une logique implacable : privatisation des services publics, mise en place de fonds de pension, réforme de l'assurance chômage, déréglementation des marchés financiers, etc., tout cela semble résulter d'un même mouvement d'extension de la logique économique, sous sa forme la plus « concurrentielle » possible. L'économie nous envahit au quotidien, sans que nous en saisissions les ressorts, tandis que les « experts » nous assurent que des « adaptations » sont « inévitables ».

Face à ce mélange d'incompréhension des mécanismes à l'œuvre et de méfiance à l'égard des « bons docteurs » qui veulent nous administrer des pilules au goût amer, faut-il se résigner ou se révolter ? Il nous semble que la révolte, qui est légitime, doit s'appuyer sur une meilleure compréhension du monde. Ce *Petit bréviaire* a pour ambition d'y contribuer.

En effet, nous ne pensons pas que les grands débats économiques soient intraduisibles dans des termes accessibles au plus grand nombre. La légitimité supérieure dans laquelle se drapent certains experts, dont les débats sont censés être hors de portée du commun des mortels, nous semble à la fois inquiétante politiquement et contestable du point de vue « scientifique ». Car les tenants et les aboutissants des controverses économiques sont parfaitement explicables à tout un chacun, s'il prend le temps d'examiner attentivement un certain nombre de données et de raisonnements simples.

Il ne s'agit pas pour autant de cautionner la vision simpliste de l'économie que peuvent entretenir certains journalistes ou hommes politiques (de tous bords !), dont les affirmations à l'emporte-pièce sont censées sortir tout armées des conclusions de la « science économique ». Bien au contraire, ce *Petit bréviaire* se donne pour ambition de recenser un certain nombre de ces idées reçues, fréquemment répétées, qui circulent impunément dans les discours et les esprits, armées de leur prétendue caution scientifique. Et de démontrer que bien des idées tenues pour évidentes, à force de les entendre de la bouche de personnalités souvent éminentes, ne sont pas étayées par grand-chose, lorsqu'elles ne sont pas infirmées par l'observation rigoureuse des faits

Ce travail collectif vient donc ébranler des évidences communément admises, certes surtout en dehors du monde des économistes, mais également trop souvent en son sein. En effet, la plupart des économistes accordent, selon nous, une trop faible place au pluralisme, à la présentation et à la confrontation des différentes explications du réel. C'est parce que nous étions désemparés devant l'incapacité de nos enseignants à donner du sens à ce que nous vivions, lisions dans les journaux et entendions à la radio que nous, étudiants des facultés d'économie et des grandes écoles, avons lancé, au printemps 2000, une protestation publique contre la vacuité de cet enseignement.

Ce mouvement a commencé par la rédaction collective d'une « Lettre ouverte aux enseignants et responsables de l'enseignement de la discipline », publiée dans *Le Monde* le

17 juin 2000[1]. Cette lettre ouverte s'inquiétait de la coupure entre les « mondes imaginaires » de la théorie économique et le monde réel ; elle déplorait l'usage incontrôlé de la formalisation mathématique ; elle dénonçait le fréquent manque de pluralisme des approches et des explications proposées en cours.

Commandé par le ministre de l'Éducation nationale pour répondre à notre interpellation, le rapport de Jean-Paul Fitoussi[2] atteste bien l'existence d'un malaise au sein de la discipline et autour de son enseignement, partout dans le monde. Il met également en évidence que celui-ci provient essentiellement du fait que l'enseignement de l'économie n'est pas assez centré sur les débats et controverses qui animent la discipline. Il montre enfin que l'économie ne saurait être coupée des autres sciences sociales, en demandant l'instauration d'un cursus pluridisciplinaire.

Mais, à notre connaissance, rien n'a changé dans les universités depuis la publication de ce rapport, en septembre 2001. Ce *Petit bréviaire* se veut une illustration du type d'approche que nous souhaiterions voir plus souvent adoptée dans l'enseignement de l'économie.

L'aboutissement de ce travail serait-il donc de faire abjurer aux économistes toute prétention à la connaissance ? De leur faire avouer que, tel Socrate, la seule chose qu'ils savent en réalité est qu'ils ne savent rien ? Cela serait exagéré, bien que des économistes parmi les plus reconnus puissent parfois se livrer à des constats sévères sur la faiblesse des avancées de leur discipline[3].

Il s'agit plutôt de faire un bilan, toujours nécessairement partiel, mais rigoureux, des connaissances sur un certain nombre de points que nous avons eu les uns et les autres

1. Cette pétition, ainsi que le texte des enseignants qui nous ont soutenus (et le contre-appel lancé en retour par d'autres enseignants hostiles à notre démarche) figurent sur notre site Internet, <http ://www.autisme-economie.org>.

2. Jean-Paul FITOUSSI, *L'Enseignement supérieur des sciences économiques en question*, Rapport au ministre de l'Éducation nationale, Fayard, Paris, septembre 2001.

3. Voir Edmond MALINVAUD, « Pourquoi les économistes ne font pas de découvertes », *Revue d'économie politique*, vol. 106, n° 6, 1996, p. 929-942.

l'occasion d'approfondir. Ce *Petit bréviaire* se veut une synthèse d'idées, souvent exprimées ailleurs, qui ont en commun de suggérer combien il est délicat de réunir les conditions d'une connaissance solidement établie des phénomènes économiques. Il démontre qu'*il n'y a pas en l'état actuel de dogme qui tienne en économie*, et qu'il est donc *urgent* de donner toute leur place aux débats, aux controverses, et de les rendre accessibles au plus grand nombre.

Les Éconoclastes
février 2003*

* « Les Éconoclastes » est le pseudonyme collectif choisi par les auteurs à l'initiative de cet ouvrage, issus du Mouvement des étudiants pour la réforme de l'enseignement de l'économie, et auxquels ont bien voulu se joindre Jean Gadrey (professeur à l'université de Lille-I), Bernard Guerrien (maître de conférences à l'université de Paris-I) et Hélène Zajdela (professeur à l'université d'Évry-Val d'Essone). Nous tenons à les remercier de leur participation, ainsi que Pascal Combemale, professeur de sciences économiques et sociales au lycée Henri-IV, pour son aide précieuse tout au long de l'élaboration de ce livre.

I

Les marchés ont toujours raison

1 “La privatisation des services publics est une nécessité”

Frédéric Marty

« Les citoyens, témoins des dysfonctionnements de l'appareil d'État, ne fonctionneront plus dans la société du XXIe siècle comme leurs ancêtres élevés dans l'esprit du service public. Ne pas le reconnaître et ne pas adapter nos institutions à cette réalité priverait la France d'une partie importante des bénéfices de la globalisation des marchés et des progrès technologiques. »

Jean-Jacques LAFFONT,
« Étapes vers un État moderne [1] ».

« L'introduction des forces du marché dans les chemins de fer [...] incitera les responsables de la gestion et les travailleurs à réduire les coûts, à améliorer la qualité des services, à proposer de nouveaux produits et à développer les marchés. »

Synthèse du Livre blanc *Une stratégie pour revitaliser les chemins de fer communautaires* [2].

La privatisation des services publics désigne le transfert de propriété au secteur privé des entreprises publiques. La plupart de ces entreprises sont dites « de réseaux », en ce sens qu'elles nécessitent le déploiement d'une infrastructure sur l'ensemble du territoire national pour remplir leur mission. L'électricité, les télécommunications, la poste, les chemins de fer ou le gaz sont dans cette situation. La

1. *In État et gestion publique*, rapport du Conseil d'analyse économique, La Documentation française, 2000, p. 144.
2. Voir <http://www.europa.eu.int/, site officiel de l'Union européenne.

privatisation dans le domaine des services publics a donc ceci de particulier qu'elle doit s'accompagner, si l'entrée de nouveaux concurrents n'est pas suffisante, du démantèlement de l'« opérateur historique » en plusieurs entités.

Cette division de l'opérateur répond à un double objectif. Le démantèlement consiste, dans un premier temps, à séparer l'infrastructure essentielle du reste de l'entreprise. Il s'agit d'un démantèlement « vertical » : la concurrence n'est alors possible que si — et seulement si — chaque concurrent peut accéder à l'infrastructure. Tel a été par exemple l'objectif, en France, de la création du Réseau de transport de l'électricité (RTE), en 2000, entreprise publique issue de l'opérateur historique EDF. Ou de celle du Réseau ferré français (RFF) en 1997, autre entreprise publique, issue de la SNCF et chargée de l'entretien et du développement du réseau de voies ferrées.

De façon complémentaire, il est possible de diviser l'ancien opérateur en plusieurs entités (démantèlement « horizontal »). Dans le meilleur des cas, celles-ci seront directement concurrentes. Des firmes de production d'électricité peuvent suivre ce modèle. Dans un cas moins favorable, les firmes ne seront pas directement concurrentes, en ce sens qu'elles jouiront de monopoles locaux. La concurrence existera donc, mais de façon indirecte : elle se fera au niveau de la mise aux enchères de la concession de service public. La privatisation des chemins de fer britanniques s'est faite selon cette logique.

Pour les promoteurs de la privatisation des services publics, l'effacement de l'intervention publique dans les industries de réseaux est justifié en termes d'efficacité productive et de gain pour l'usager. La réduction des tarifs et l'amélioration de la qualité de la prestation sont alors annoncées comme les conséquences logiques de la privatisation [I, 2]*. Alors que certaines nationalisations ont résulté du constat pragmatique de la défaillance du privé (cas de la SNCF en 1937) et que d'autres secteurs furent longtemps structurés autour d'entreprises privées (exemple de l'électricité avant

* Voir chapitre 2 de la première partie. Dans la suite de ce livre, ce type de renvoi désignera la partie et le chapitre permettant d'aller plus loin sur le point évoqué.

1946), il convient donc de s'interroger sur la légitimité et l'efficacité des services publics.

« *Roll back the State* » : théorie et pratique de la privatisation

Théoriquement, la propriété publique de certaines entreprises se justifie par l'existence de ce que les économistes appellent des « monopoles naturels ». Une situation de monopole naturel se caractérise par une diminution du coût de production unitaire, à mesure que les quantités produites augmentent. Le cas du chemin de fer illustre bien ce phénomène d'« économie d'échelle » : il est très coûteux de construire la première ligne de chemin de fer, mais, ensuite, ce coût fixe de construction initiale sera amorti par le passage des trains successifs. Si le prix du billet de train suivait exactement les coûts de production de l'entreprise, il commencerait par être très élevé, puis il diminuerait à mesure que le trafic se développe. L'entreprise est donc en situation de monopole « naturel », puisqu'une entreprise concurrente devrait construire à nouveaux frais une nouvelle ligne. Elle ne pourrait concurrencer la première, puisque ses coûts de production seraient très nettement supérieurs. Dans ce cas, une firme unique est donc plus efficace que plusieurs firmes en concurrence pour répondre à la demande. Cependant, si l'État veut éviter que l'entreprise n'exploite son pouvoir de monopole, il doit la nationaliser, ou à défaut imposer une stricte réglementation publique, encadrant les tarifs et les investissements.

La contestation de la réglementation traditionnelle des services publics repose sur la dénonciation des coûts de la réglementation publique : ceux-ci seraient, pour les tenants de la libéralisation, largement supérieurs aux effets bénéfiques du contrôle public. Pour certains, le résultat après intervention publique serait même pire que la situation initiale. Le décideur public serait inapte à se substituer au marché pour réunir la connaissance nécessaire aux arbitrages de prix et de quantité. Incapable de prendre les bonnes décisions, de les faire appliquer, il serait même juge et partie et corruptible.

Par ailleurs, l'absence d'incitation à l'efficacité productive et aux baisses de tarifs, pour les services publics, est souvent dénoncée. Le caractère intégré des monopoles nationaux induirait une opacité quant aux coûts et à l'affectation des surplus dus à la situation de monopole de l'entreprise : ceux-ci profitent-ils aux consommateurs, ou aux salariés des monopoles publics ? En outre, les firmes nationalisées opteraient pour des investissements trop gourmands en capital, éloignés des choix que feraient des entreprises en concurrence (cas du nucléaire, par exemple).

Au final, la sous-efficacité de la propriété publique tirerait sa source de plusieurs phénomènes :

— les dirigeants des entreprises publiques n'ont pas les mêmes incitations que leurs homologues du privé. Le contrôle par les actionnaires étant absent, leurs décisions d'investissement ne correspondent pas nécessairement à l'intérêt de l'entreprise ;

— le rôle disciplinant des marchés financiers ne peut s'exercer, à l'inverse de ce qui se passe pour les entreprises privées cotées en Bourse, pour lesquelles la dépréciation du cours affecte les revenus des dirigeants et accroît la probabilité d'OPA hostiles [I, 3] ;

— les firmes publiques sont soumises à une « contrainte budgétaire molle », puisqu'il n'existe pas de risque réel de faillite ;

— les objectifs de la tutelle publique sont multiples et parfois contradictoires ;

— le pouvoir politique serait plus vulnérable aux groupes de pression que les dirigeants d'entreprises privées, qui n'ont de comptes à rendre qu'à leurs actionnaires.

Alors que rien n'indique que les firmes privées puissent s'abstraire de ces risques, la privatisation des entreprises publiques de service public a été facilitée par la levée progressive de l'argument du monopole naturel, notamment en raison de changements techniques. Ainsi, les télécommunications ont vu leur segment dit monopolistique se rétracter notablement : les infrastructures nécessaires à la création de réseaux de téléphonie mobile sont, en effet, beaucoup moins coûteuses à mettre en place que les infrastructures classiques. Les privatisations ont été rendues possibles dans les autres industries de réseaux grâce au démantèlement de l'opérateur historique.

L'objectif est de limiter le monopole légal à la seule partie de l'entreprise qui est réellement en situation de monopole naturel[3]. La création du Réseau de transport de l'électricité témoigne de cette stratégie. Il s'agit de rendre possible le libre accès à l'infrastructure pour l'ensemble des opérateurs. Dans le cadre de cet objectif, le régulateur va devoir encourager l'entrée de nouveaux concurrents dans l'industrie[4]. Il s'agit donc de procéder au démantèlement, au moins vertical, de l'opérateur historique, pour rendre possible la concurrence.

La séparation verticale peut dans certains cas se doubler d'un démantèlement horizontal de l'opérateur national en plusieurs entités concurrentes, afin d'intensifier la pression concurrentielle. L'électricité britannique donne un exemple de cette politique.

Une analyse critique des expériences étrangères

L'exemple de la privatisation sans démantèlement de British Gas en 1986 appuie les prescriptions de la nouvelle économie des réseaux. L'office de régulation (Ofgas) dut batailler durant dix ans pour obtenir de la compagnie publique qu'elle procède à son propre démantèlement, survenu en 1997. En effet, la mise en concurrence de l'opérateur peut être plus « disciplinante » pour l'entreprise que la simple privatisation, qui n'introduit pas par elle-même de concurrence[5].

La division de l'opérateur historique en plusieurs entités concurrentes est donc souvent nécessaire pour rendre la concurrence effective. British Railways, l'entreprise en

---

3. Nicolas CURIEN, *Économie des réseaux*, La Découverte, coll. « Repères », Paris, 2000.

4. François LÉVÊQUE, *Économie de la réglementation*, La Découverte, coll. « Repères », Paris, 1998.

5. Les événements boursiers de 2001-2002 montrent d'ailleurs bien que le contrôle des entreprises privatisées n'est pas obligatoirement plus strict que celui des entreprises publiques.

charge des chemins de fer britanniques fut ainsi scindée en 1993 en soixante-dix entités, ensuite privatisées. La propriété et la gestion du réseau ont été confiées à un monopole privé, Railtrack. Celui-ci loue les gares et les dépôts aux exploitants des lignes (chaque compagnie ne gère qu'un simple tronçon du réseau). Le matériel roulant a été dispersé entre trois compagnies. Le fret a lui aussi fait l'objet d'un démantèlement. Le service passager a été découpé en vingt-six entités régionales, en concession pour sept à quinze ans et attribuées aux enchères.

L'une des difficultés est de savoir quel est le niveau de démantèlement le plus efficace. En effet, du fait des économies d'échelle, une dispersion trop importante risquerait de se révéler contre-productive. À l'autre extrême, une privatisation simple se traduirait par la substitution d'un monopole privé à un monopole public. Certains économistes préconisent donc de démanteler au maximum le monopole sachant que, selon eux, les mécanismes « spontanés » du marché reconstitueront *in fine* des firmes de taille « optimale [6] ».

Pour l'électricité, le régulateur doit éviter que l'opérateur historique, initialement en situation de monopole naturel, ne s'appuie sur sa position dominante en amont, et éventuellement sur le contrôle de l'infrastructure essentielle dont il dispose, pour instaurer des barrières à l'entrée ou mettre en œuvre des stratégies anticoncurrentielles à l'encontre de ses rivaux sur les marchés en aval. La politique suivie au Royaume-Uni fait à nouveau figure d'exemple : en avril 1990, CEGB (Central Electricity Generating Board), l'opérateur historique britannique, verticalement intégré, fut démantelé en quatre compagnies indépendantes. L'une d'elles, le National Grid Power, responsable du réseau de transport, fut privatisée dès décembre 1990. De mars à mai 1991, les compagnies de production furent privatisées, à l'exception de l'entreprise en charge des centrales nucléaires dont l'État ne se sépara qu'en 1996.

Cette expérience montre que le mouvement spontané du marché a conduit à une reconcentration des firmes. Pis, une

---

6. Jean TIROLE, « Ownership and incentives in a transition economy », MIT, miméo, Cambridge, États-Unis, 1992.

nouvelle intégration verticale a été constatée. Elle semble même se révéler indispensable à la survie des firmes. En effet, la privatisation semble vouée à l'échec dès lors qu'elle concerne des activités nécessitant de très lourds investissements. British Energy, entreprise privatisée opérant les centrales nucléaires britanniques, est aujourd'hui en cessation de paiements. Depuis le 9 septembre 2002, la société ne poursuit son activité que grâce à des fonds d'urgence débloqués par le gouvernement [7] (650 millions de livres entre le 9 et le 26 septembre). L'effondrement de British Energy, comparé aux performances plus acceptables de ses concurrents, peut s'expliquer par l'échec de celle-ci dans ses projets de rachats de distributeurs d'électricité qui lui auraient permis d'écouler sa production sans passer par le marché [8]. En d'autres termes, les entreprises issues du double démantèlement (vertical et horizontal) de l'opérateur britannique ne peuvent survivre que dans la mesure où elles parviennent, *via* des fusions et acquisitions, à recréer la structure du monopole naturel intégré.

La même problématique se retrouve pour les opérateurs d'infrastructures de réseau. Railtrack, en cessation de paiements, a été placée sous administration judiciaire le 7 octobre 2001. Elle a été réintégrée dans le giron public en octobre 2002 *via* une organisation à but non lucratif appelée Network Rail, soutenue par le régulateur sectoriel britannique, la Strategic Rail Authority. La nouvelle entité a pour mission d'éponger la dette de Railtrack au moyen de nouveaux emprunts ou par des financements publics, et de reprendre l'entretien de 37 000 kilomètres de voies ferrées laissées dans un état de quasi-abandon. L'opérateur du réseau ferroviaire anglais n'a pu concilier les exigences des marchés financiers, en termes de rentabilité des capitaux investis, avec les investissements nécessaires à l'entretien et au développement d'une infrastructure essentielle. Il apparaît donc clairement que les infrastructures de base d'une industrie telle que les chemins de fer ne peuvent être gérées efficacement,

7. NATIONAL ECONOMIC RESEARCH ASSOCIATES, « Global energy regulation », septembre 2002.

8. M.-L. CITTANOVA, « Privatisation : les leçons britanniques », *Les Échos*, 10 octobre 2002.

surtout à long terme, si elles sont abandonnées au seul marché. L'exemple des chemins de fer britanniques montre par ailleurs que ce risque est d'autant plus fort que les investissements publics ont été insuffisants avant la privatisation.

La privatisation ne peut donc fonctionner que lorsque le monopole naturel disparaît, au moins partiellement, du fait du progrès technologique (cas des télécommunications) ou lorsque les firmes issues du démantèlement de l'opérateur historique utilisent des technologies de production qui nécessitent peu d'investissements (cas des producteurs d'électricité exploitant des centrales à gaz).

Il convient aussi de souligner que la privatisation elle-même ne constitue pas le seul écueil sur le chemin de la libéralisation, comme en attestent les difficultés qu'a connues l'électricité californienne entre mai 2000 et mai 2001. Du fait de la volonté du régulateur californien de privilégier les mécanismes de marché, les entreprises de distribution ont dû se défaire de leurs filiales de production. Elles devaient s'alimenter sur le marché au jour le jour. Dans le même temps, les prix de détail de l'électricité étaient gelés afin de permettre aux compagnies de couvrir les coûts liés à l'ouverture du marché. Or, la baisse de l'offre d'électricité conjuguée à une consommation soutenue provoqua un effet de ciseau tarifaire entre les prix de détail fixés administrativement et les prix de gros variant au jour le jour. Non couverts par des contrats d'achat d'électricité à long terme, des distributeurs firent faillite. L'État de Californie dut se substituer à ceux-ci pour éviter l'effondrement total de la production électrique[9].

Privatiser : une nécessité budgétaire et européenne ?

Les privatisations ne peuvent donc être justifiées ni par des fondements théoriques incontestables, ni par des expériences satisfaisantes. En fait, elles relèvent surtout d'autres

---

9. GENERAL ACCOUNTING OFFICE, « Restructured electricity markets. California market design enabled exercise of market power », Report to Congressional Requesters, GAO-02-828, juin 2002.

considérations. La volonté politique de privatiser les entreprises de service public peut ainsi être expliquée très prosaïquement par la pénurie de fonds publics. La vente d'actifs patrimoniaux de l'État vise alors à desserrer la contrainte budgétaire à court terme, sans préoccupation quant à l'efficacité productive de long terme.

Par ailleurs, au sein de l'Union européenne, la législation communautaire constitue l'un des arguments les plus décisifs en faveur de la privatisation. Même si le traité de Rome proclame la neutralité de l'Europe vis-à-vis des formes de propriété des entreprises, de nombreux articles de ce traité vont en fait à l'encontre de la propriété publique. Par exemple, s'agissant de la France, toute augmentation de capital d'une entreprise telle qu'EDF, opérant sur un marché en cours de libéralisation, souscrite pour tout ou partie par l'État (pour l'instant seul actionnaire), serait considérée comme une aide publique, donc discriminatoire et anticoncurrentielle [10]. Pourtant, les déclarations de la Commission de Bruxelles fin 2002 [11] ne remettent pas en cause la propriété publique d'EDF, mais seulement les avantages liés au statut d'établissement public industriel et commercial (EPIC).

Cependant, la privatisation d'opérateurs comme EDF semble constituer le corollaire inévitable de la libéralisation des marchés. En particulier, il est très difficile pour l'État d'accroître les ressources financières d'une entreprise publique en concurrence : même l'appel aux marchés financiers risque de tomber sous les fourches Caudines de la Commission de Bruxelles, dans la mesure où les emprunts se font avec la garantie, au moins indirecte, de l'État, et donc faussent eux aussi la concurrence, tout comme les aides publiques directes. De cette façon, toute autre solution que l'autofinancement est théoriquement proscrite pour des opérateurs de services publics non encore privatisés qui opèrent sur des marchés libéralisés.

Or, le développement de ces opérateurs passe par la croissance externe (rachat des concurrents), puisqu'ils doivent

---

10. Henri GUAINO, « EDF : vers le démantèlement », *Le Monde*, 7 février 2002.

11. *La Tribune* du 17 octobre 2002.

acquérir une taille suffisante (dite « critique ») sur le marché européen. Ne pouvant financer ces rachats d'entreprises par des échanges de titres, les opérateurs publics sont dans l'obligation de payer « cash », et donc de s'endetter lourdement, comme en témoigne l'exemple de France Télécom. Ces problèmes financiers se doublent de difficultés politiques. Les décrets « anti-EDF » espagnol et italien [12] reposent sur la crainte de voir un opérateur public acquérir des compagnies hors de son territoire national.

Ainsi, la logique même de la libéralisation des marchés et les contradictions entre les stratégies des opérateurs et les contraintes posées par leur statut public peuvent rendre la privatisation finalement nécessaire, alors que les arguments théoriques ne sont pas incontestables et que les expériences étrangères conduisent à une certaine prudence. Les politiques nationales et les missions de service public n'entrent ici plus en ligne de compte.

---

12. Contre lesquels la Commission a fort justement ouvert, fin 2002, une procédure d'infraction au principe de libre circulation des capitaux.

2 “Déréglementer, c’est faire jouer la concurrence, et donc faire baisser les prix”

Matthieu Amiech et Olivier Vaury

« Dans les télécommunications, seul secteur où la libéralisation a été complète, ce sont les consommateurs qui en sont les bénéficiaires incontestables. »

Élie COHEN, *Le Monde de l’économie*, 4 juin 2002.

« Selon Loyola de Palacio, commissaire européenne à l’Énergie, le futur marché intégré apportera plus de choix, de bénéfices réels, en termes de concurrence, de prix et de compétitivité. Des études montrent qu’entre 1995 et 2000 les clients éligibles ont bénéficié d’une baisse des tarifs d’au moins 20 % dans les pays les plus ouverts, deux fois plus que dans les marchés les moins libéralisés. [...] [D’après elle], la non-libéralisation des marchés de l’électricité et du gaz, après tout, coûte tous les ans la bagatelle de 15 milliards d’euros à nos États membres. »

Le Figaro économie, 15 mars 2002.

Cette idée reçue prend appui aussi bien sur les conclusions prétendument fermes et bien étayées de la « science » économique que sur le sens commun. Que les réglementations entravent le bon fonctionnement des mécanismes de marché semble frappé du sceau de l’évidence : elles empêcheraient la concurrence d’exercer ses effets bienfaisants pour les consommateurs, au premier rang desquels la pression à la baisse sur les prix.

Ce type de raisonnement est communément appliqué au « marché du travail » : l'existence de réglementations empêcherait le salaire (vu comme simple prix du travail) de réaliser l'ajustement entre l'offre (les salariés disponibles) et la demande (les besoins des entreprises en main-d'œuvre) [III, 11]. Il en est de même concernant les services publics, qu'il faudrait tout à la fois privatiser, ouvrir à la concurrence et déréglementer : ce qui devrait avoir pour effet de faire baisser les prix vers un hypothétique niveau d'équilibre, considéré de manière indissociable comme plus efficace économiquement (moins de gaspillage de la richesse nationale) et plus juste socialement (suppression des rentes de monopole touchées par l'État et ses fonctionnaires) [I, 1].

On voit que, dans ce cadre, tous les « marchés » sont considérés comme autant d'espaces abstraits d'ajustement de décisions individuelles décentralisées, en dehors de tout contexte social, historique et culturel. La majorité des économistes et de ceux qui relaient leur discours parlent avec plus ou moins de mauvaise foi d'« offre » et de « demande » comme s'il s'agissait d'entités abstraites suivant un mécanisme simple d'ajustement par les prix. Et ils véhiculent ainsi l'idée que ce sont d'inutiles réglementations, émanant d'individus ou de groupes irresponsables et improductifs, qui s'opposent à l'équilibre des marchés.

Le mirage d'une concurrence sans réglementation

Tout ce discours passe sous silence la complexité et l'ambiguïté redoutables de la notion de concurrence. Qu'il s'agisse de la concurrence « pure et parfaite » du discours savant ou de la concurrence « toute simple » du discours profane, dans les deux cas on ignore ou feint d'ignorer qu'il n'y a pas de concurrence sans réglementation. On souligne trop rarement que la théorie économique standard suppose une hypercentralisation des décisions, plus proche de la planification soviétique que d'une économie de marché décentralisée [1]. Alors, pourtant, que cette théorie est la référence implicite de la plupart des discours libéraux vantant la libre concurrence et la déréglementation !

Les études consacrées aux tentatives concrètes de faire fonctionner un « marché parfait » (c'est-à-dire conforme à celui de la théorie économique [2]) illustrent effectivement que cela passe par une normalisation des produits, des comportements, et par une centralisation du processus d'enchère permettant la détermination du fameux prix d'équilibre, censé être à la fois juste et efficace : aucune transaction ne peut alors se faire à un prix qui s'écarte de celui qu'impose le commissaire-priseur du marché. Ce système hypercentralisé et autoritaire *n'a strictement rien à voir* avec une économie décentralisée fondée sur la liberté de vendre et d'acheter quand on le souhaite, au prix que l'on souhaite. Quant à la Bourse, qui est souvent présentée comme l'exemple concret le plus proche d'un marché « déréglementé » et donc « véritablement concurrentiel », voilà précisément un marché truffé de règles et d'institutions : une Commission des opérations de Bourse surveille la régularité des transactions, des dispositifs de chasse aux délits d'initiés, des réseaux d'informateurs, des interventions d'institutions publiques comme les banques centrales, etc. D'ailleurs, le processus de fixation des cours y obéit à des règles très précises, appliquées de façon centralisée [V, 22].

Autant dire que la déréglementation, tout du moins l'absence de réglementation d'un marché, ça n'existe pas ! En fait, c'est une contradiction dans les termes : sans réglementation, le marché, pour ainsi dire, n'existe pas. La concurrence « pure et parfaite » des mondes imaginaires de la théorie économique l'illustre bien. Et dans la réalité, la déréglementation totale n'existe pas non plus et ne peut pas exister. Car, pour être effective, la concurrence exige des règles et des instances

---

1. Voir pour un exposé clair et complet sur ce point, Bernard GUERRIEN, *La Théorie économique néo-classique. Microéconomie*, tome 1, La Découverte, coll. « Repères », Paris, 1999

2. Voir par exemple Marie-France GARCIA, « La construction sociale d'un marché parfait : le marché au cadran de Fontaines en Sologne », *Actes de la recherche en sciences sociales*, n° 65, 1986, p. 2-13.

veillant à ce que certaines entreprises n'abusent pas de leur position dominante, qu'elles ne fixent pas des prix excessifs, qu'elles ne cherchent pas à empêcher des concurrents potentiels d'entrer sur leur marché.

L'exemple le plus frappant de construction et d'abus de position dominante, dans le capitalisme contemporain, est celui de Microsoft : le géant de l'informatique a tout fait pendant des années pour que les utilisateurs de PC du monde entier ne puissent utiliser que ses propres logiciels et applications, par divers stratagèmes juridiques et techniques[3]. Mais la vie économique est remplie d'exemples d'entreprises, y compris à une échelle locale, qui profitent d'un créneau spécifique, d'une « niche économique ». Et cela ne passe d'ailleurs pas toujours par des pratiques malhonnêtes : lorsqu'on veut vendre sa production, ne serait-ce que pour vivre, *a fortiori* pour faire du profit, il faut nécessairement se différencier, chercher à échapper à la concurrence.

Pour autant, chercher à se distinguer de ses concurrents n'implique pas forcément de faire payer à son client un prix scandaleux : tout dépend des liens que l'on a avec lui, du contexte social et humain dans lequel s'inscrit la transaction économique. S'agit-il de relations ponctuelles ou prolongées ? D'une économie oligopolistique de production et de consommation de masse, ou plutôt d'un système de production et d'échanges locaux moins orienté vers la guerre économique ?

Ce que « déréglementer » veut vraiment dire

Un producteur désireux d'écouler sa marchandise cherche donc toujours à échapper à la concurrence. Conséquence : la réalité économique n'est pas faite d'une infinité de concurrents sur chaque marché, mais plutôt d'une infinité de marchés que se disputent quelques concurrents ! Ainsi, il n'y a, par exemple, pas *un* marché de la chaussure, mais *une myriade de marchés particuliers* : celui des chaussures de

---

3. Voir Marc CHEVALLIER, « Main basse sur la toile », *Alternatives économiques*, octobre 2001, n° 196, p. 29-31.

ville, segmenté entre les chaussures pour hommes, pour femmes, pour enfants ; celui des chaussures de sport, subdivisé en marchés des baskets, des tennis, des chaussures de training, etc. ; avec, à chaque fois, une séparation assez nette entre le marché des chaussures de luxe, celui des prix modérés et celui des chaussures à très bas prix. Les producteurs sont souvent spécialisés sur un seul créneau. Et, sur chacun de ces marchés particuliers, les concurrents se comptent généralement sur les doigts des deux mains, voire d'une seule.

Dès lors, la mise en place des procédures de surveillance des transactions et de recours pour les consommateurs afin d'empêcher les abus n'a rien d'anormal (ce qui ne dit rien sur le degré de précision, l'échelle et les modalités d'application de ces procédures, etc.). Encore une fois, la déréglementation totale n'existe pas et, surtout, la concurrence qui est parée de toutes les vertus ne peut pas se passer de réglementation et de surveillance des marchés. On le voit bien avec l'importance prise récemment par la direction générale de la concurrence, à la Commission européenne, et l'importance qu'ont toujours eue, depuis la fin du XIXe siècle aux États-Unis, les décisions du gouvernement fédéral, de la Cour suprême ou du Conseil national de la concurrence, concernant la légitimité des situations de monopole ou d'oligopole.

Ces instances ne peuvent être considérées par des libéraux conséquents que comme indispensables au bon fonctionnement des marchés. Pourtant, c'est paradoxalement au nom du libéralisme économique que les milieux d'affaires prônent fréquemment la déréglementation. Parce que ce qu'ils entendent par « déréglementation », c'est souvent une limitation de la surveillance des marchés qui permette aux plus grosses entreprises d'échapper autant que faire se peut à la concurrence ! La déréglementation qu'ils appellent de leurs vœux est en réalité un certain type de réglementation, favorable à l'émergence d'oligopoles, voire de monopoles en position de réaliser d'aussi grandes quantités de profits que possible. Monsanto, leader mondial du secteur agrochimique et des biotechnologies, réclame ainsi aux régulateurs de la concurrence le droit de breveter les plantes transgéniques issues de ses laboratoires, pour pouvoir faire payer le prix qu'il veut aux agriculteurs acheteurs de semences et être seul à en tirer profit.

Mais (bizarrement) il milite en même temps contre les réglementations imposant l'étiquetage « OGM » des produits contenant ces organismes génétiquement modifiés, au mépris de l'information et de la plus élémentaire liberté de choix des consommateurs.

On peut trouver bien d'autres exemples de réglementations favorables aux consommateurs, contre lesquelles on comprend que les grands trusts, issus des fusions et acquisitions boursières successives, luttent avec acharnement. On pense ici au secteur des médicaments, dominé par un cartel de plus en plus réduit de géants mondiaux : ceux-ci menacent de ne plus faire bénéficier les patients européens de leurs plus récentes « innovations », si les États ne lèvent pas rapidement les dispositions réglementaires qui encadrent les prix des médicaments dans certains pays. Alors que leurs profits sont astronomiques, ils prétendent que ces mesures, destinées à protéger les consommateurs, les empêchent de disposer des fonds nécessaires à leurs départements de recherche. Argument qui prête à sourire, quand on compare le budget annuel consacré au marketing et à l'administration par un groupe comme Bristol-Myers Squibb qui, avec 3,9 milliards de dollars (en 2000), représente le double de celui qu'il consacre à la recherche. D'après une étude de la School of Public Health de Boston, l'industrie pharmaceutique américaine emploie presque deux fois plus de personnel dans le marketing que dans la recherche[4].

À l'inverse, les géants des télécommunications trouvent moins à redire, concernant la réglementation récente de leur secteur, en France. Car il serait totalement illusoire de penser que ce secteur est déréglementé depuis l'ouverture du marché des télécommunications à la concurrence. C'est une excellente illustration de la confusion qui règne entre déréglementation et concurrence. Il y a encore dix ans, les communications téléphoniques étaient l'objet d'un monopole public. Depuis, on a introduit de la concurrence dans cette activité. Pour autant, jamais celle-ci n'a été aussi réglementée qu'aujourd'hui ! Pourquoi ? Parce que, comme il s'agit d'un

4. Philippe DEMENET, « Ces profiteurs du sida », *Le Monde diplomatique*, février 2002, p. 23.

service de réseau [I, 1], si on laissait vraiment « agir les mécanismes de marché », on retrouverait très vite une situation de monopole, privé cette fois, avec les coûts que cela entraîne.

D'ailleurs, aux États-Unis, des sept concurrents issus de la scission de l'opérateur historique ATT en 1984, il n'en reste plus en 2002 que trois, par le jeu des fusions boursières. Et le processus de concentration, au nom de la nécessité de grandir toujours plus pour pouvoir faire face à la concurrence, n'est sans doute pas terminé. Avec les télécommunications, on se trouve dans le cas extrême mais très instructif où l'État, en France, entretient artificiellement la concurrence par l'intermédiaire d'une Agence de régulation des télécommunications (ART). Celle-ci organise le marché, en fixant les modalités d'utilisation des équipements de l'opérateur historique, les systèmes complexes de reversements et de péréquation entre les « concurrents ». Elle intervient même directement dans l'élaboration des tarifs : est-ce bien libéral ? Dans un très intéressant rapport rédigé en 2001 par des cadres supérieurs de France Télécom [5], on apprend que l'ART empêcherait France Télécom de diminuer ses tarifs autant qu'il le pourrait sur certains segments et de commercialiser certaines formules, parce que cela serait fatal à ses concurrents, qui n'en sont pas capables techniquement et financièrement. Le consommateur a bon dos ! Mais serait-il convenable d'admettre qu'il n'est pas le bénéficiaire principal de la prétendue déréglementation ?

Coûts et gaspillages du « marché »

Le cas du secteur des télécommunications peut sembler particulier : la concurrence y est littéralement maintenue sous perfusion, alors qu'il n'est pas sûr que le consommateur en profite autant qu'on le dit, en dehors des grandes entreprises qui bénéficient de la forte baisse du prix des communications internationales. Surtout, l'efficacité économique globale de cette concurrence très réglementée n'a rien d'évident ! Comme sur tous les types de marchés, le maintien de la

5. *Une autre idée des télécoms*, Vie ouvrière Éditions, Paris, 2001, p. 61-62.

concurrence, qu'il en résulte ou non une baisse des prix, a un coût. Qu'il s'agisse des efforts de l'ART pour empêcher le retour au monopole de fourniture d'accès aux réseaux téléphoniques, des décisions de la Commission de Bruxelles concernant les fusions-acquisitions dans la sidérurgie, ou du procès de Microsoft aux États-Unis pour savoir s'il faut sanctionner et scinder en deux le mastodonte de l'informatique : dans tous ces cas, il n'est jamais acquis que la réglementation adoptée soit favorable aux consommateurs.

La seule chose qui est certaine, c'est que la procédure d'organisation et de surveillance du marché a un coût. Ces coûts de la concurrence sont trop souvent méconnus ou passés sous silence, dans les débats sur la « déréglementation ». On n'entend parler que des gaspillages du public [IV, 14]. Or, le « marché » n'est-il pas également inévitablement source de gaspillages ? On peut en distinguer trois sortes :

— des coûts liés à la production : produire un service ou un bien nécessite des infrastructures. Dans un système fondé sur la propriété privée, chaque entreprise en concurrence devra développer ses propres infrastructures (usines, bâtiments, centres de recherche, réseaux…). Il est clair que, dans de nombreux cas, cela mènera à des gaspillages, qui peuvent être considérables. Ainsi, le très libéral *The Economist* admet que « la cause ultime de la crise [dans le secteur des télécommunications] est que trop de concurrents ont décidé de construire d'énormes réseaux pour lesquels la demande était faible [6] » ;

— des coûts liés à la commercialisation : par définition, en situation de concurrence, chaque entreprise s'efforce d'attirer de nouveaux clients, et d'en prendre aux autres. Il est évident que cela nécessite des dépenses (publicité, démarchage, etc.) qu'un monopole (public) n'aurait pas à financer. Toutes ces dépenses n'ajoutent rien à la qualité du produit, mais sont une partie importante du prix final payé par le consommateur ;

— des coûts liés à la rémunération du capital : une partie du prix payé par le consommateur sera consacrée aux dividendes des actionnaires. Le profit n'est alors pas exigé par la

6. Voir *The Economist*, 20 juillet 2002.

concurrence, mais par la privatisation. Or ce sont deux choses bien distinctes, puisqu'on pourrait tout à fait imaginer un système de concurrence entre organismes publics. Mais, la plupart du temps, dénationalisation et ouverture à la concurrence vont de pair.

Comment évaluer ces coûts ? Il est bien délicat d'en fournir une évaluation globale et exhaustive. Néanmoins, il est possible de donner des ordres de grandeur par secteur, selon l'importance qu'y prennent ces trois catégories de coûts. Ainsi, le système de santé américain met en concurrence des assureurs et des hôpitaux privés, et il coûte plus cher que le système français, géré par la Caisse nationale d'assurance maladie (CNAM) : en moyenne 30 000 francs par personne et par an, contre 17 500 francs en France. Et aucun assureur privé ne s'estime capable de gérer ce service à meilleur prix que la CNAM, en France[7]. En fait, les questions qu'il faut se poser sont les suivantes :

— peut-on prouver que les gains d'efficacité généralement attribués à la mise en concurrence sont supérieurs aux coûts et gaspillages liés à cette même concurrence ? C'est loin d'être toujours le cas ;

— qui paie pour les gaspillages, dont on voit qu'on peut en déceler dans tous les systèmes ? Est-ce le consommateur qui paie un peu plus cher que le prix « le plus bas possible » ? Le contribuable, qui paie les salaires des fonctionnaires, mais aussi les surcoûts induits par la sous-traitance des services publics au secteur privé[8] ? Ou les salariés, quand les coûts de la concurrence (rebaptisés « loi du marché ») entraînent la faillite de l'entreprise ?

La « déréglementation » ne garantit ni la concurrence, ni la baisse des prix... que la concurrence ne garantit pas non plus, d'ailleurs ! La concurrence ne tombe pas du ciel, elle doit nécessairement être soutenue par une réglementation coûteuse. Ce qui fait que son efficacité économique peut toujours

---

7. Voir Daniel ARONSOHN et Guillaume DUVAL, « Le grand gâchis de l'argent privé », *Alternatives économiques*, n° 188, janvier 2001, p. 64.

8. Voir l'exemple anglais de la Private Finance Initiative, évoqué par George MONBIOT, *Captive State. The Corporate Takeover of Britain*, MacMillan, Londres, 2000.

être sujette à débat. Quant à savoir si elle est profitable ou non aux consommateurs, quand elle ne met face à face qu'un nombre limité d'entreprises (ce qui est toujours plus ou moins le cas), c'est encore une autre question : cela dépend du contenu et des modalités de la réglementation en question.

3 “La Bourse, on ne peut pas s’en passer !”

Matthieu Amiech

« Quand nous faisons ce qui est bon pour l’investisseur individuel, nous faisons ce qui est bon pour le marché, et en dernier ressort pour le bien-être économique de la nation. »

Dick GRASSO, *Welcome from the Chairman*,
sur le site Internet de Wall Street, la Bourse de New York [1].

« La meilleure protection [contre les excès de la *corporate governance*] semble être finalement un fort développement de l’actionnariat des salariés. Les salariés actionnaires auraient des représentants dans les conseils d’administration et pèseraient ainsi dans les décisions de gestion avec des objectifs plus équilibrés que ceux des actionnaires purs. Ils recevraient, par la détention des actions, une rémunération pour compenser le déplacement du risque de variabilité des profits vers les salaires. »

Patrick ARTUS, « Le capitalisme financier mondialisé
est-il une menace ? », in *Le Cercle des économistes. Espérances et menaces de l’élection présidentielle*,
Descartes & Cie, Paris, 2002.

Pourquoi la Bourse occupe-t-elle une telle place dans les préoccupations économiques, politiques et médiatiques ? Il y a trente ans, il était inimaginable que l’évolution des cotations, les sautes d’humeur ou les exigences des marchés financiers vis-à-vis des États et des directions d’entreprise fassent quotidiennement les titres de l’actualité. Il était inimaginable que les politiques menées par les

1. <http://www.nyse.com/about/.

gouvernements, les stratégies des dirigeants d'entreprise et l'emploi d'une partie non négligeable des salariés soient à ce point dépendants des opinions et des décisions moutonnières des opérateurs boursiers. Mais la Bourse n'est-elle pas devenue incontournable dans les économies de marché capitalistes ?

Incontournable parce qu'indispensable au financement de la production, des investissements des entreprises. Les marchés financiers permettraient de mieux drainer l'épargne dont les entreprises ont besoin, en particulier les plus innovantes. Seule une finance de marché, c'est-à-dire sans intermédiaire, permettant une mutualisation des risques entre une foule d'acteurs, garantirait une évaluation fiable de la rentabilité des projets économiques et le financement de l'innovation, clé de la croissance de demain. Mieux : non seulement le financement par la Bourse serait plus abondant, mais il serait également source d'une plus grande efficacité gestionnaire. La pression exercée par les actionnaires sur les managers, dans le sens d'une rentabilité aussi élevée que possible des titres des entreprises, apporterait la garantie que les salariés, à tous les niveaux, donnent constamment le meilleur d'eux-mêmes en vue d'un profit maximum.

À l'origine des réformes, des malentendus

Les importantes réformes des systèmes financiers auxquelles les pouvoirs publics ont procédé aux États-Unis, au Royaume-Uni et en France, notamment, dans les années 1980, ont été menées au nom de la nécessité de faciliter le financement des entreprises. La dépendance de celles-ci vis-à-vis des banques, leurs fournisseurs de crédit, était dénoncée comme une entrave à la liberté et à l'innovation économiques : il fallait mettre les banques en concurrence entre elles et avec un grand marché de prêteurs de capitaux, afin que les entreprises disposent d'une épargne abondante, donc moins coûteuse, pour financer leurs investissements.

Ainsi, pour justifier la politique volontariste de développement des marchés financiers, on arguait en France des *rigidités* et des *cloisonnements* du système de financement administré hérité de l'après-guerre, au sein duquel l'État jouait un rôle actif : les grandes banques étant nationalisées, il pouvait contrôler et orienter le crédit. Chaque banque était adaptée à sa clientèle et utilisée comme un instrument de la politique économique du gouvernement : le Crédit agricole avait le monopole du crédit aux agriculteurs ; la Banque populaire et le Crédit mutuel celui du crédit aux PME ; le Crédit foncier celui des prêts pour le logement... Chacune était donc à l'abri de la concurrence sur un créneau particulier. Et c'est ce système bancaire cloisonné et très réglementé qui fournissait aux entreprises l'essentiel des crédits nécessaires à leurs investissements, jusqu'aux années 1970. La Bourse était peu fréquentée et plutôt orientée à la baisse.

À partir du moment où les États-Unis et la Grande-Bretagne procédèrent à d'importantes réformes visant à développer le financement par actions et obligations, cette *économie d'endettement* fut unanimement considérée comme archaïque et inefficace. La déréglementation et la création de nouveaux instruments de placements devaient aboutir à une réduction du coût du capital et à une affectation efficace de l'épargne, résultant du « jeu naturel de l'offre et de la demande » et non plus de « considérations réglementaires opaques ».

Soulignons d'abord que les promoteurs de cette finance de marché considèrent comme acquis que l'investissement et la production doivent être financés par une épargne préalable. Or, l'histoire du capitalisme suggère que c'est souvent la production de richesses nouvelles, financées à crédit, qui engendre en retour un stock d'épargne [2]. Ils présupposent également que les entreprises des grands pays industrialisés avaient, à l'époque de ces réformes, un fort besoin de financement. Or, cela est aussi contestable : il s'agit précisément du moment où beaucoup d'entreprises, notamment en France et aux États-Unis, étaient en cours de désendettement rapide. C'est à partir de 1986 que le taux d'autofinancement des entreprises françaises commença de monter jusqu'à des niveaux jamais vus depuis la Seconde Guerre mondiale :

2. Voir à ce propos l'introduction de l'essai de Jean-Luc GRÉAU, *Le Capitalisme malade de sa finance*, Gallimard/Le Débat, Paris, 1998.

l'explosion des marchés financiers se produisit donc à une époque où les entreprises étaient en mesure de financer la totalité de leurs investissements grâce à leurs profits, sans recourir à un financement externe.

Une contribution peu évidente au financement de l'économie privée

En fait, c'est l'idée même que les marchés financiers jouent un rôle majeur dans le financement des projets économiques privés qu'il faut mettre en cause. Pourtant, les chiffres le plus souvent mis en avant ne laissent en apparence planer aucun doute sur le fait que nous vivons à l'heure d'une *finance directe de marché*, où les banques (les intermédiaires) ne jouent plus qu'un rôle réduit [3]. Le taux d'intermédiation, qui mesure la part des crédits bancaires dans le total des financements des agents non financiers, n'a-t-il pas diminué continuellement en France depuis vingt ans, tombant de 71 % à 52 % entre 1978 et 1998 ?

Mais il ne faut pas perdre de vue que ce sont avant tout les plus grosses entreprises qui sont cotées en Bourse : en 2001, 85 % des 250 sociétés *non financières* cotées sur le premier marché de la Bourse de Paris [V, 22] comptaient plus de 10 000 salariés [4]. Cela n'est pas du tout représentatif du tissu économique hexagonal, dont plus de 99 % des entreprises comptent moins de 500 salariés et pèsent à peu près 90 % de l'emploi non public [5]. Au total, les 650 sociétés non financières cotées à Paris représentent environ 20 % de la valeur ajoutée du secteur privé et deux millions d'emplois, soit à peu

---

3. Voir par exemple Catherine AUGORY et Fabrice PANSARD, « L'intermédiation financière au sein des principaux pays de la zone euro », *Lettre économique de la Caisse des dépôts et consignations*, n° 121, mai 2000.

4. Calculé à partir du schéma 1 (taille des unités cotées, par type de marché), *in* Anne SKALITZ, « Au-delà des entreprises : les groupes », *INSEE Première*, n° 836, mars 2002.

5. Calculé à partir des tableaux 17 et 18 de l'annexe II fournis par l'UNEDIC, *in Vingt ans de CHSCT*, Rapport du Conseil économique et social, octobre 2001.

près 15 % de l'emploi non public [6]. C'est beaucoup, mais cela indique qu'une grande partie de l'économie française ne repose pas sur la finance de marché. Ainsi, en dépit de la présence de PME-PMI sur le second et le nouveau marché, l'endettement auprès des banques reste bien le mode de *financement externe* le plus répandu pour les unités économiques de taille modeste. Et l'examen de la structure du *financement net* (qui prend en compte les sources externes *et* internes) des entreprises laisse apparaître la prépondérance globale de l'autofinancement dans les années 1990, en France et dans les autres principaux pays du G7, c'est-à-dire le financement par les profits engrangés lors des exercices précédents [7].

Dans le cas des petites entreprises innovantes, le discours dominant laisse à croire que les marchés financiers constituent une solution miracle pour pallier la réticence des banques à financer des projets risqués. Des enquêtes publiées récemment montrent qu'il n'en est rien. Pour l'ensemble de l'industrie française, le financement des innovations se fait en majorité (à 78 %) sur les ressources internes des entreprises [8].

Les augmentations de capital par émissions d'actions ne représentent que 1,1 % du montant des financements de projets innovants. Et les apports de fonds par capital-risque, seulement 0,1 %, autant dire rien. Alors que ce mode de collecte de l'épargne pour très petites entreprises innovantes a portant été érigé en modèle pour l'avenir ! Michel Aglietta explique pourquoi ce modèle inventé aux États-Unis et qui y a connu, un temps, un grand succès, est difficilement exportable hors du contexte américain [9]. Une récente enquête dresse un bilan négatif de ce dispositif en France [10] : on y apprend que les très petites entreprises innovantes, dans l'impossibilité de

---

6. Voir Anne SKALITZ, « Au-delà des entreprises : les groupes », *loc. cit.*

7. Voir Michel AGLIETTA, *Macroéconomie financière*, La Découverte, coll. « Repères », Paris, 2001, tableau IX, p. 27.

8. Voir Yann LHOMME, « Comment se financent les projets innovants dans l'industrie ? », *Problèmes économiques*, n° 2742, 2 janvier 2002, p. 20.

9. Voir Michel AGLIETTA, *Macroéconomie financière*, *op. cit.*, p. 31-36.

10. Voir Jean LACHMANN, « L'apport du capital-risque au financement de l'innovation », *Innovations*, L'Harmattan, Paris, 1er trimestre 2000. On en trouve de larges extraits dans *Problèmes économiques*, n° 2658, 29 mars 2000, p. 1-6.

s'autofinancer faute de profits initiaux, sont désertées par la communauté financière privée, non seulement les établissements de crédit traditionnels mais aussi les collecteurs d'épargne sur les marchés financiers, comme les capital-risqueurs. Et ce n'est que grâce au financement public, des collectivités locales notamment, que certains projets parviennent tout de même à démarrer ! Un exemple de plus de l'incapacité du capitalisme à assumer le risque, contrairement à un mythe bien enraciné [II, 9], et à s'autoréguler sans la béquille de l'État.

La Bourse n'est-elle qu'un casino ?

Mais comment se fait-il que le « marché » soit aussi défaillant ? Et si la Bourse ne sert pas ou peu à financer l'investissement productif, en particulier innovant, à quoi sert-elle donc ? Il faut ici préciser que les protagonistes des marchés financiers ne sont pas une multitude de petits épargnants à la recherche de placements sûrs et raisonnablement rémunérateurs, mais des *investisseurs institutionnels* qui sont en compétition entre eux pour obtenir le meilleur rendement, rapidement si possible. Ce sont les fonds de pension, fonds de performance, fonds communs de placement (comme les compagnies d'assurance vie) : leur pouvoir sur les marchés boursiers vient de ce qu'ils *concentrent* l'épargne financière (actions et obligations) des ménages.

Or, c'est précisément la déréglementation des années 1980 qui a abouti à cette professionnalisation de la Bourse. Dire qu'il s'agit d'une *désintermédiation* de la finance est donc erroné, car même la détention de titres est désormais en grande partie *intermédiée* [11]. En outre, les acteurs de cette finance, qualifiée à tort de *directe*, ne sont pas sur le marché pour y évaluer les perspectives objectives de profit des différentes entreprises et sélectionner prudemment les projets économiques les plus prometteurs : ils sont là pour exiger une rentabilité financière élevée des entreprises dont ils détiennent

11. Voir Dominique PLIHON, *La Monnaie et ses mécanismes*, La Découverte, coll. « Repères », Paris, 2000, p. 66-67.

des capitaux, quelles qu'en soient les conséquences sur les autres variables économiques [V, 22]. Cette obsession de la rentabilité a pour effet de déconnecter la sphère financière des besoins de l'économie capitaliste réelle, sans même parler de ceux de la société.

Attardons-nous sur le cas des fonds de pension. De quoi s'agit-il et d'où vient leur pouvoir ? Ce sont des groupements d'épargnants qui prennent des parts (souvent restreintes) dans le capital de diverses entreprises. Eux n'agissent pas, en général, dans une optique de spéculation. Ils cherchent au contraire à infléchir durablement la conduite des affaires, dans le sens d'une *maximisation des bénéfices par action* : dans chacune des sociétés dont ils détiennent des titres, les représentants de ces fonds exercent une surveillance très poussée sur la gestion des managers et ses résultats financiers. Ils s'appuient pour cela sur les études des *cabinets d'audit* financier qui dissèquent en permanence stratégies et comptabilités. L'aura de ces cabinets auprès des grands investisseurs est telle que les directions d'entreprises se sentent obligées de se plier à leurs normes d'appréciation en matière de comptabilité, d'organisation du travail, d'objectifs de gestion. Cette gestion doit être tournée vers une *rentabilité maximale des fonds propres* des entreprises, c'est-à-dire des fonds qui ne sont pas empruntés, seulement ceux qui sont apportés par les actionnaires en échange de dividendes annuels. Le chiffre qui a souvent emporté l'adhésion des gestionnaires de l'épargne concentrée est celui de 15 % : 15 % pour le *rapport du profit aux fonds propres*, quelles que soient les évolutions du profit et de la production…

Cette exigence inconditionnelle de *création de valeur pour l'actionnaire* a eu des conséquences stupéfiantes sur les choix des entreprises. Ainsi, nombre d'entre elles n'ont pas hésité à s'endetter de façon colossale, auprès des banques et des investisseurs institutionnels, pour éviter des émissions d'actions nouvelles qui feraient baisser le ratio *profit/fonds propres* (les actions font partie des fonds propres). Pour accroître mécaniquement ce ratio, elles n'ont pas non plus hésité à racheter massivement leurs propres actions : moins d'actions en circulation, c'est plus de dividendes pour chaque action, à profit donné ! Ce qui aboutit à une situation cocasse : beaucoup d'entreprises cotées sont lourdement endettées ; et la contribution *nette* des actions au financement de l'économie américaine est devenue… négative, comme l'illustre le graphique ci-dessous [12]. Les réformes financières des années 1980 ne visaient-elles pourtant pas à sortir les entreprises des « griffes » des banques, en leur permettant de financer leurs investissements par émission d'actions ?

ÉMISSIONS NETTES D'ACTIONS
(MILLIARDS DE DOLLARS)

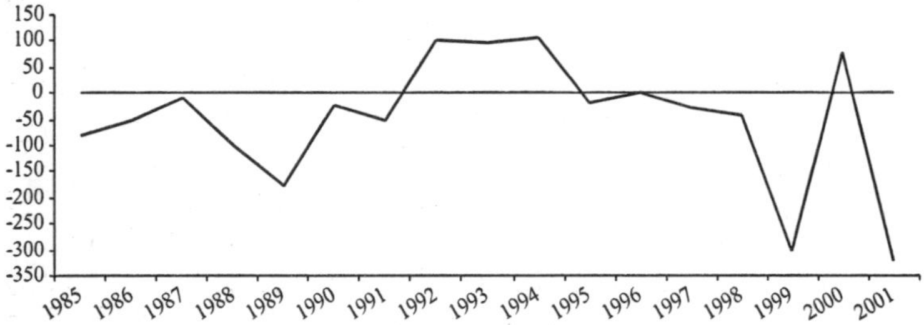

Les salariés, grands perdants du gouvernement des actionnaires

On s'aperçoit, un peu tard, qu'il ne suffit pas de dire « marché » pour que tout devienne transparent et efficace. Les scandales des années 2001-2002 (trucage des comptes, connivence entre auditeurs et managers, délits d'initiés) montrent que la finance de marché n'est pas moins opaque que sa devancière, fondée sur le crédit bancaire réglementé. Quant à sa contribution à la croissance, elle est au bas mot sujette à caution. Les entreprises émettent rarement des actions en vue d'investissements innovants, on l'a dit. Elles le font un peu plus souvent pour financer leurs activités courantes [13]. Mais, globalement, la Bourse pèse sur l'activité économique réelle.

---

12. Tiré de Patrick ARTUS, « Le pouvoir des actionnaires », *Problèmes économiques*, n° 2756, 10 avril 2002.

13. Voir Yann LHOMME, « Comment se financent les projets innovants dans l'industrie ? », *loc. cit.*, p. 20.

Le système financier est fragilisé par les phénomènes évoqués ci-dessus, et cette instabilité structurelle hypothèque constamment l'horizon économique. Les exigences des investisseurs institutionnels auprès des managers ont aussi pour effet d'amplifier les cycles de la conjoncture : quand les bénéfices augmentent moins que prévu ou baissent, la nécessité de servir malgré tout une rentabilité élevée oblige à sacrifier les investissements prévus et à licencier. Ce qui peut précipiter un freinage, voire une récession de l'économie.

Ainsi, dans ce capitalisme patrimonial, l'emploi est plus que jamais une simple variable d'ajustement. C'est souvent celle sur laquelle les directions d'entreprise agissent en priorité, pour donner des gages de bonne volonté aux cabinets d'audit, aux agences de notation, aux investisseurs dont le désaveu public serait désastreux pour le cours de l'action. De là vient ce qu'on a appelé les *licenciements boursiers* des salariés de Michelin et Danone : des suppressions d'emplois destinées à maintenir la rentabilité financière, alors que ces entreprises engrangeaient pourtant des profits massifs. Les détenteurs de capitaux sont censés aimer le risque : mais avec la *corporate governance*, ils ont inventé le moyen de s'en prémunir en le reportant sur les salariés [14] !

Il nous semble important de souligner les graves conséquences politiques de ce mode de gouvernance du capitalisme. Que les salariés ne sachent souvent plus de qui leur sort dépend, et que celui-ci soit parfois scellé à des milliers de kilomètres de leur lieu de travail, par des flux financiers apparemment sans visage, ne peut être étranger à la montée de la désespérance sociale et du vote pour l'extrême droite en Europe : la violence et l'insécurité ne commencent-elles pas là ? Il ne s'agit pas de faire ici l'éloge en creux d'un capitalisme plus ancien, plus humain… Les formes de domination qu'il pouvait impliquer, comme le paternalisme, ne doivent nullement nous en rendre nostalgiques. Mais la déterritorialisation de l'économie sous l'empire de la finance rend les liens de dépendance plus abstraits et moins compréhensibles, ce qui

14. Voir Frédéric LORDON, *Fonds de pension, pièges à cons ?*, Liber-Raisons d'agir, Paris, 1999.

développe le sentiment d'impuissance politique et affaiblit le sens de la lutte.

Nous sommes donc face à un étrange paradoxe : les marchés financiers ne constituent pas une source essentielle et judicieuse de financement pour l'économie, mais ils nuisent profondément à la société et à la démocratie, au sens de maîtrise de leur destin par les individus. Et l'on voit mal comment la distribution d'actions à tous les citoyens-salariés, qui constitue le principal projet de nos élites dirigeantes, pourrait remédier à ce paradoxe : au-delà de la triste signification politique qu'aurait cette évolution vers une pseudo-démocratie patrimoniale, il est peu probable que les maux causés par la Bourse puissent être surmontés en lui donnant une place toujours plus centrale dans la société [15].

---

15. À ce propos, nous recommandons vivement la lecture du dernier chapitre de Frédéric LORDON, *ibid.*

4 "Dans l'économie de marché, le client est roi"

Matthieu Amiech

« Le consommateur est en somme le roi… Chaque consommateur est un électeur qui décide par son vote que telle chose sera faite parce qu'il veut qu'elle soit faite. »

Paul SAMUELSON, *Economics*, 1957.

« Sur mesure, à la demande : depuis quelques années, la personnalisation des produits ou *customization* a pris une ampleur phénoménale. […] Quoi de plus naturel, après tout, pour le consommateur, que de chercher à se réapproprier un produit en lui apportant sa touche personnelle ? Le but étant de personnaliser l'objet pour qu'il soit parfaitement adapté à ses besoins… et lui permette aussi de se distinguer de ses voisins. […] Qui plus est, ce nouveau mode de consommation donne le sentiment aux clients de prendre le pouvoir sur le producteur. »

Le Figaro, supplément publicitaire SFR, 9 février 2002.

Une telle affirmation repose sur l'opposition caricaturale entre économie planifiée d'État et économie capitaliste décentralisée de marché : dans la première, c'est une bureaucratie centrale qui détermine la nature et le volume de la production, alors que dans la seconde la production émane de multiples unités décentralisées qui ne produisent qu'en réponse à la demande d'agents privés. Il va de soi que la seconde ainsi présentée est mieux placée pour prendre en compte et satisfaire les besoins des consommateurs. De là à considérer que « dans l'économie de marché », sans plus de précision, « le client est roi », il n'y a qu'un pas qu'il semble à beaucoup naturel de franchir.

La diversité des producteurs n'est-elle pas garante de l'abondance et de la satisfaction de tous les goûts, même les plus excentriques ? La concurrence n'oblige-t-elle pas les entreprises à placer la satisfaction des consommateurs au premier rang de leurs préoccupations, et donc à déployer tous les efforts possibles pour capter leurs aspirations et y répondre le plus prestement ? Si l'on en croit bon nombre de journalistes, de spécialistes en marketing, de chercheurs en sciences sociales, cela serait même plus vrai aujourd'hui que jamais : le « marché » est considéré comme une source infinie de variété et de diversité, comme le moyen naturel et indépassable de satisfaire les besoins humains.

Un credo qui surestime les convergences d'intérêts entre producteur et consommateur

Les économies de marché dans lesquelles vivent aujourd'hui la très grande majorité des peuples reposent sur deux piliers fondamentaux : la propriété privée des moyens de production, articulée à une très profonde division du travail. C'est-à-dire que, dans une telle économie, on ne consomme pas ce qu'on produit – sinon marginalement : on achète les biens et services qu'on considère comme indispensables, à des producteurs spécialisés dans leur fourniture. Et quand on est salarié, comme 90 % des Français, on ne dispose pas de ce qu'on produit : c'est le propriétaire des moyens de production qui décide de l'utilisation du fruit du travail de l'ensemble de ses subordonnés. Or, si ce propriétaire engage son capital dans tel ou tel processus de production, c'est qu'il espère en retirer plus que sa mise initiale, en vendant sa marchandise à un prix qui dépasse cette mise. Ainsi, il pourra miser plus gros la fois suivante pour gagner encore plus, et ainsi de suite… La qualité, l'utilité, la durabilité de ce qu'il vend ne lui importent donc qu'en tant qu'elles rentabilisent son investissement [1].

---

1. Voir Thomas COUTROT, *Critique de l'organisation du travail*, La Découverte, Paris, 1999, chap. 1.

Bien sûr, tout dépend du contexte social, culturel, réglementaire, de l'échelle de production, des relations qui existent entre producteurs et consommateurs. En l'occurrence, dans le monde qui est le nôtre, n'y a-t-il pas des raisons de penser qu'il est à la portée de certaines entreprises de réaliser des profits importants en faisant fi des intérêts ou des exigences de ses clients ? Nous vivons par exemple à une époque où les biens d'équipement des ménages se réparent de moins en moins, ce qui est le pendant de leur sophistication croissante tant mise en avant par la publicité : nul doute que les entreprises qui les produisent y trouvent leur compte, alors que les consommateurs « souverains » qui estiment ne pas pouvoir se passer de presse-agrumes électrique ou de magnétoscope ne sont pas ravis de devoir régulièrement les renouveler.

Le profit n'a donc pas exclusivement sa source dans la satisfaction du client. La souveraineté de celui-ci est même très relative, dans certains cas : de quel recours dispose le citadin contemporain dont la nourriture qui arrive dans son assiette, produite dans des conditions déplorables, est de médiocre qualité, quand elle n'est pas mauvaise pour sa santé ? À une époque où plus personne ne cultive pour son compte en ville, seuls les plus favorisés peuvent se payer les produits proposés par les filières « bio », aux prix élevés qu'implique inévitablement la production d'aliments de qualité. La majorité n'a pas d'alternative : les profits des grands groupes agroalimentaires en sont-ils affectés ?

On dira que la concurrence est là pour réguler les relations entre acheteurs et vendeurs, en protégeant les premiers des abus des seconds : ne suffirait-il pas que Microsoft ait des concurrents pour qu'il soit obligé de produire des logiciels plus fiables ? Le problème est que la concurrence imaginée par les économistes est impossible à faire respecter. En outre, sur la plupart des marchés réels, il n'y a jamais que quelques acteurs en compétition [I, 2]. Et beaucoup d'entreprises, à partir d'une certaine taille, ne se voient nullement imposer par le « marché » les prix auxquels elles vendent leurs marchandises : elles ont souvent le pouvoir de les fixer. Car le capitalisme industriel ne serait pas viable si les prix n'étaient pas au moins en partie contrôlables par les grands producteurs (d'acier, d'essence, de polices d'assurance, etc.) : les pertes encourues seraient bien trop lourdes, s'ils ne pouvaient établir des prévisions de recettes et de dépenses à partir de chiffres crédibles. La concurrence n'exerce donc qu'une pression modérée à la baisse sur les prix, car les producteurs refusent le plus souvent de se livrer à une guerre des tarifs qui serait fatale à tous [2].

Dans ces conditions, comment le client peut-il être roi ? À défaut de les soumettre, il a effectivement une chance de faire valoir ses exigences auprès des producteurs s'il est un client important, s'il leur achète de très grandes quantités qui rendraient sa défection très pénalisante pour eux. C'est ainsi que les grandes entreprises de distribution sont devenues des acteurs incontournables des économies capitalistes, capables de tenir tête aux producteurs de biens de consommation courante, dès leur apparition aux États-Unis au début du siècle dernier. Le client de base, lui, est censé tirer profit du système de la grande distribution parce qu'il proposerait des prix plus bas que le petit commerce. Mais nul doute qu'aujourd'hui, en France, ce sont Carrefour, Auchan et Leclerc qui sont les vrais rois de l'économie de marché : la possibilité qui leur est donnée par la loi de ne payer leurs fournisseurs que quarante-cinq jours après livraison leur donne un avantage démesuré, qui explique que les hypermarchés concilient prix relativement bas et marges colossales. Quant aux clients « normaux », ils ne peuvent peser sur le marché qu'en se coalisant, en formant des coopératives d'achat qui constitueront de gros acheteurs, ou des associations de consommateurs qui surveillent les producteurs et dénoncent publiquement leurs abus. Même sur le « marché », l'action collective reste le meilleur moyen de défendre ses intérêts, car le « jeu naturel de l'offre et de la demande » suffit rarement à faire du client le roi [3]. En fait, le client n'est assuré d'être

2. Voir John Kenneth GALBRAITH, *Le Nouvel État industriel*, Gallimard NRF, Paris, 1976. Les analyses de Galbraith portent sur le capitalisme américain des années 1950 et 1960, mais elles nous semblent toujours pertinentes, concernant le fonctionnement des grands marchés de l'industrie et des services, même dans des économies plus interdépendantes qu'à cette époque et soumises, dans une certaine mesure, à une concurrence mondiale.

3. Voir Albert HIRSCHMAN, *Défection et prise de parole*, Fayard, Paris, 1995.

respecté que s'il dispose (au moins en apparence) d'une capacité de nuisance.

Un mouvement de personnalisation illusoire

En dépit de tout cela, il reste de bon ton de soutenir que l'entreprise ne s'est jamais autant qu'aujourd'hui souciée du client. À une ère de production très standardisée, peu soucieuse de la satisfaction et des spécificités des consommateurs, aurait succédé, à partir des années 1970 et 1980, une nouvelle ère de « concurrence exacerbée », dont les clients seraient les grands vainqueurs. Après la période d'accession quasi généralisée aux principaux biens de consommation (télévision, machine à laver, réfrigérateur, voiture...), les clients seraient devenus plus exigeants, plus versatiles, plus soucieux de se distinguer par leurs choix. Les entreprises auraient alors été contraintes, face au ralentissement de la demande, de se préoccuper bien plus de leurs « goûts », de leurs « aspirations ». Par exemple en différenciant systématiquement les lignes de produits, de façon à disposer de gammes ciblées en fonction des publics : choix des options à la carte sur des voitures appartenant à des séries limitées portant des noms prestigieux, variété « infinie » de modèles de chaussures de même marque, modularité des programmes télévisés (Canal + Vert, Bleu, Jaune, selon qu'on aime le foot, les films romantiques ou les documentaires animaliers).

Aujourd'hui plus que jamais, la publicité, par son incessant bombardement de sollicitations sonores, visuelles et subliminales, cherche à convaincre les consommateurs que les produits qu'elle vante sont faits sur mesure pour chacun d'entre eux, qu'ils sont tous rois ! Que les professionnels du marketing le claironnent soir et matin est une chose : c'est leur métier. Il est bien plus étonnant que nombre d'universitaires réputés prennent ce discours pour argent comptant et l'élèvent au rang d'analyse d'une véritable mutation du capitalisme. Il semble donc urgent de rappeler que le capitalisme n'a pas changé dans ses principes de base : il vise toujours et encore l'accumulation de capital pour elle-même, par la production de masse. Et nous vivons toujours, et sans doute plus que jamais, à l'heure de la standardisation des produits, et des pratiques de production et de consommation, désormais à une échelle planétaire.

Qu'il existe des téléphones portables de toutes les couleurs, de toutes les tailles, avec des sonneries « personnalisées », des formules « sur mesure », n'y change rien : les différentes formules sont censées s'adapter aux besoins standards de communication des quatre ou cinq grandes catégories de consommateurs identifiées et programmées par les études de marché. Les sonneries sont les mêmes dans le monde entier, reprenant les dernières mélodies à succès popularisées par MTV, la chaîne mondiale des jeunes branchés ; les téléphones eux-mêmes sont souvent fabriqués à partir de la même matrice à laquelle on ajoute au dernier moment ses options (couleurs, motifs, accessoires, type d'écran). De même que les hamburgers aux multiples saveurs locales (provençale, italienne, etc.) de McDonald's sont tous préparés selon les mêmes procédés hautement standardisés [4].

En fait, l'idée que nous vivons désormais dans un mode de production différenciée relève de la supercherie : il s'agit principalement d'un raffinement du discours du marketing. Même la sphère des services est aujourd'hui gagnée par un puissant mouvement de standardisation, alors même qu'elle constitue précisément aux yeux des thuriféraires de la nouvelle économie le champ des prestations sur mesure appelées à se développer à l'avenir : la concurrence de plus en plus sévère sur tous les marchés ne fait-elle pas du service personnalisé la seule voie de salut pour conquérir et fidéliser les clients, même pour les entreprises productrices de biens ?

Là encore, tout dépend de quel client on parle [5] ! Quand il s'agit de rendre un service à une grande entreprise, de lui vendre un logiciel ou de lui installer un réseau informatique, des commerciaux de terrain et des techniciens qualifiés vont

---

4. Sur les ressorts de cette production de masse différenciée, voir Guillaume DUVAL, *L'Entreprise efficace à l'heure de Swatch et McDonald's*, Syros, Paris, 1999.

5. Pour une typologie très complète des différentes catégories de service, selon leur degré de standardisation, voir Jean GADREY, *Services : la productivité en question*, Desclée de Brouwer, Paris, 1996, 3e partie.

souvent se déplacer pour adapter la prestation au client, et assurer un suivi dans le temps. En revanche, lorsqu'il s'agit du grand public, le service au client est rarement à la hauteur des slogans publicitaires qui en vantent la qualité. Les consommateurs sont de plus en plus condamnés à une relation téléphonique anonyme, avec des salariés généralement peu compétents, sans pouvoir de décision, sans marge de manœuvre par rapport à des instructions très strictes et loin de toujours refléter le respect proclamé du client. Les téléopérateurs, souvent employés par des sous-traitants adeptes de la précarité, débitent des discours préfabriqués par les services marketing en fonction de règles sommaires de communication : l'objectif étant, par quelques formules stéréotypées, de « rassurer le client », de le « mettre en confiance », de façon à entretenir l'image de l'entreprise et à pouvoir lui vendre à tout moment un produit ou une option supplémentaires, même quand il appelle initialement pour dire son mécontentement.

Le paradoxe est que c'est au nom même de la personnalisation de la « relation client » qu'on aboutit à la standardisation des procédures et des discours. Ainsi une grande banque française peut-elle de nos jours faire basculer son service clientèle des agences vers des plates-formes téléphoniques, en expliquant que l'industrialisation va dans le sens de la personnalisation ! Pour les services marketing de cet établissement, il ne fait apparemment aucun doute que la relation téléphonique avec un opérateur inconnu travaillant à des centaines de kilomètres devant une base de données fournissant le profil commercial standard du client qui appelle est plus personnalisée que la relation entre le salarié d'une agence de quartier et un client qui y vient régulièrement…

Le rôle clé du marketing dans l'économie capitaliste

L'économie capitaliste de marché est donc également source d'uniformisation. Et le marketing, qui passe pour l'expression évidente de la soumission des producteurs aux désirs particuliers des consommateurs, y est pour beaucoup. On l'a dit, les entreprises, à partir d'une certaine taille, ne peuvent pas se permettre de ne pas maîtriser le marché. Elles contrôlent en partie les prix, mais doivent aussi s'efforcer de maîtriser les quantités qu'elles écoulent auprès d'une clientèle avec laquelle le contact physique et personnalisé ne peut qu'être réduit. Cela explique leurs faramineuses dépenses de marketing.

Il leur faut d'ailleurs d'autant plus insister sur les différences entre les produits que celles-ci sont souvent faibles, car la production en très grandes quantités exige des procédés très standardisés pour limiter les coûts et dégager des marges. C'est pourquoi la production de masse favorise la standardisation. Et elle est encouragée en retour par le fait que le marketing renforce les plus gros producteurs aux dépens des petits, qui n'ont pas les moyens d'engloutir des sommes comparables dans la publicité : en France aujourd'hui, ce sont les géants de la grande distribution, de l'agroalimentaire, des télécoms et des transports qui dépensent le plus en la matière [6].

Le marketing a donc pour effet de consolider le pouvoir financier des plus grandes entreprises, et ainsi de favoriser la standardisation des produits. Il est aussi à l'origine d'un extraordinaire déclin des compétences et de l'autonomie personnelles : l'homme qui sommeille sous le client sait de moins en moins fabriquer, réparer, faire pousser une plante, se déplacer par ses propres moyens, tant on prend soin de lui. Qui pourra dans vingt ans passer une journée sans allumer son ordinateur, dont les fonctions démultipliées rendront l'usage indispensable pour tous les gestes de la vie ordinaire ? La marchandisation croissante de cette vie ordinaire a des effets aliénants, c'est un fait.

Non pas que toute relation marchande soit en tant que telle aliénante. Au contraire, la relation marchande est un élément fondamentalement positif de la modernité, par ce qu'elle apporte de liberté à l'individu dans les rapports sociaux : « En m'acquittant de ce que je dois, ce que j'achète également, c'est le temps impliqué par l'obligation traditionnelle d'attendre pour rendre et donc [...] le droit de ne pas avoir d'histoire avec ceux qui m'ont rendu service. L'échange

---

6. Voir Daniel Arensohn, « L'économie de la séduction », *Alternatives économiques*, n° 190, mars 2001, p. 60-61.

marchand permet ainsi de prendre des libertés avec autrui [7]. » Le problème est que dans l'économie de marché capitaliste, la relation marchande perd en grande partie son caractère libérateur du fait que l'obsession du producteur est trop souvent de rendre le client « captif ». Cela fait ainsi bien longtemps que les semenciers industriels rêvent de rendre tous les agriculteurs dépendants, en faisant en sorte qu'ils ne puissent semer le grain récolté dans leur champ et soient obligés de leur acheter des semences chaque année [8]. Quant aux organismes de crédit à la consommation et aux nombreuses entreprises qui proposent à leurs clients, même ceux en grande difficulté financière, de leur avancer l'argent nécessaire à l'acquisition de leurs produits, ils mettent précisément ces clients en situation d'obligation, de dette vis-à-vis d'eux [9].

Exemples extrêmes, mais tout à fait symptomatiques du fait que, dans le capitalisme, la division toujours croissante du travail est au service de la création de nouvelles relations de dépendance. Le client n'est roi que dans la mesure où l'on réduit l'homme à sa dimension de consommateur, et sa liberté à celle du choix sur un étalage de supermarché entre des produits fort ressemblants.

---

7. Jean-Claude MICHÉA, *L'Enseignement de l'ignorance et ses conditions modernes*, Climats, Castelnau-le-Lez, 1999, p. 109.

8. Voir Jean-Pierre BERLAN, *La Guerre au vivant. OGM et autres mystifications scientifiques*, Agone, Marseille, 1999.

9. Voir Camille DORIVAL, « Les requins du crédit », *Alternatives économiques*, n° 186, novembre 2000, p. 30-32.

II

La mondialisation et ses conséquences inévitables

5 “La mondialisation est un phénomène inéluctable et sans précédent”

Philippe Légé

« La mondialisation est inéluctable. Vouloir l'arrêter relève de l'utopie. »

Jacques CHIRAC, 22 juillet 2001,
au sujet des manifestations contre le G7 à Gênes.

« Je suis fermement convaincu, que toute tentative pour entraver la lame de fond de la mondialisation est vouée à l'échec. »

Otmar ISSING, économiste en chef de la Banque centrale européenne, *Der Spiegel*, 21 septembre 1999, p. 124.

Qu'ils soient alarmistes ou enthousiastes, de nombreux commentaires sur la « mondialisation » assimilent celle-ci à une série de transformations inéluctables et sans précédent. En effet, le terme est très récent et semble donc désigner un phénomène nouveau. Cependant la mondialisation désigne à la fois un processus d'intégration et l'état du monde une fois ce processus achevé. Or, « ce monde-là n'est pas le nôtre [1] » ; il demeure un projet. Reste à étudier la mondialisation, processus qui a une histoire [2], pour montrer qu'elle n'a

1. Martin WOLF, « The global economy myth », *Financial Times*, 13 février 1996.

2. « D'abord, c'est un mot récent [...]. C'est un phénomène qui semble être dénué d'histoire. Je crois que ce n'est pas le cas » (Jacques LE GOFF, « Une mondialisation qui remonte à l'Antiquité », *Revue politique et parlementaire*, n° 1015, novembre-décembre 2001, p. 32).

rien d'irréversible et qu'elle comporte plusieurs dimensions (commerciale, financière, technique, culturelle, etc.) qui ne sont pas toutes nouvelles.

Dans *Perspectives de l'économie mondiale* de 1997, le FMI la définit comme l'« interdépendance économique croissante de l'ensemble des pays du monde, provoquée par l'augmentation du volume et de la variété des transactions transfrontières de biens et de services, ainsi que des flux internationaux de capitaux, en même temps que par la diffusion accélérée et généralisée de la technologie ». Ce type de définition est très courant[3]. Mais désigner tant de phénomènes par un seul mot obscurcit bien souvent les débats. Aussi allons-nous décomposer cette définition et étudier séparément ses différentes composantes.

Le cas du commerce

L'intensification des échanges commerciaux est fréquemment surestimée. La part des exportations dans la production mondiale de 1913 ne sera dépassée qu'en 1970[4] et stagne depuis lors...

Après une forte croissance à la fin du XIXe siècle, l'intégration commerciale diminua à partir de la Première Guerre mondiale et plus encore à partir de la crise de 1929 qui marqua le début d'une période de protectionnisme. Sur le plan commercial, la mondialisation désigne donc le retour à la situation prévalant avant les deux guerres mondiales. Le GATT (Accord général sur les tarifs douaniers et le commerce), signé en 1948, et l'OMC (Organisation mondiale du commerce), qui lui succède à partir de 1994, ne sont pas étrangers à ce « retour ».

3. Une définition similaire figure dans la plupart des publications officielles. Par exemple, dans le communiqué des ministres des Finances et gouverneurs des banques centrales des pays du G20 du 25 octobre 2000 : « L'intégration croissante des économies nationales par suite de la plus grande mobilité des biens, des services, du capital, des gens et des idées. »

4. Paul MASSON, « Globalization : facts and figures », *IMF Policy Discussion Paper*, octobre 2001, p. 4.

Mais si la mondialisation n'est pas un phénomène sans précédent, il ne faut pas, à l'inverse, exagérer l'importance historique du libre-échange : « Dans l'histoire, le protectionnisme est la règle et le libre-échange l'exception[5]. » Au début du XIXe siècle, le libre-échange progresse au Royaume-Uni. Les taxes douanières des autres pays européens ne diminueront que durant la période 1860-1879. C'est dans le secteur agricole que cette tendance fut la plus marquée. Quant aux États-Unis, ils devinrent de plus en plus protectionnistes. Seules les colonies avaient des droits de douane quasi nuls ; mais ce « libéralisme » leur avait été imposé...

Si le monde a déjà connu des périodes d'ouverture et de fermeture, pourquoi présenter la « mondialisation » comme un phénomène inévitable ? Qui a intérêt à diffuser cette idéologie fataliste minimisant le rôle des décisions politiques ? Tous ceux qui prônent l'adaptation à ce phénomène et qui souhaitent en occulter les causes. « Finalement, la globalisation correspondrait moins à un état de fait, c'est-à-dire à un nouveau régime international déjà établi, qu'à des pratiques et à une argumentation en vue de réorganiser les économies des pays industrialisés au profit des entreprises les plus internationalisées[6]. »

Si l'étude de l'histoire des politiques commerciales met en évidence l'influence des législations sur l'intégration commerciale, elle ne suffit pas à comprendre pourquoi celle-ci stagne depuis les années 1970. Le développement du commerce international semble se heurter à certaines limites objectives. En effet, l'intégration commerciale des économies ne dépend pas seulement des politiques douanières mais aussi d'autres facteurs, notamment de la taille du marché intérieur. Ainsi la part des exportations dans le PNB de la Belgique était d'environ 36 % en 1910 ; le degré d'intégration commerciale de ce pays était donc élevé du fait de sa petite taille et malgré d'importantes protections douanières.

---

5. Paul BAIROCH, *Mythes et paradoxes de l'histoire économique*, La Découverte, coll. « Poche/Sciences humaines et sociales », Paris, 1999, p. 31.

6. Robert BOYER, « Les mots et les réalités », *in* Serge CORDELIER (dir.) *La Mondialisation au-delà des mythes*, La Découverte, coll. « Poche/Sciences humaines et sociales », Paris, 2e édition, 2000, p. 36.

Si une petite taille favorise cette intégration, celle-ci se heurte aussi à certaines limites, notamment l'existence d'intermédiaires fournissant des services (transport, stockage, entretien, publicité, etc.) pouvant rarement être délocalisés. Certes, les coûts de transport ont fortement diminué, mais les services représentent une part croissante dans la production ; et comment délocaliser la distribution de l'eau ou les services de santé ? D'ailleurs, si la part du commerce extérieur dans le PIB est la mesure la plus pertinente de l'intégration commerciale, elle présente l'inconvénient de surestimer le rôle économique du commerce extérieur car la mesure du PIB sous-valorise certaines activités non marchandes ne pouvant être délocalisées, notamment une partie des services publics (que l'on songe à l'éducation ou à la police)[7].

Les pays européens commercent essentiellement entre eux (les échanges intra-européens représentent environ 65 % du commerce extérieur des pays de l'Union). La proximité des producteurs et de leurs clients constitue dans de nombreux cas un avantage décisif. Certaines entreprises asiatiques produisent en France car les économies ainsi réalisées sont supérieures au surcoût salarial. Cela est d'autant plus vrai dans les secteurs qui ont bénéficié de progrès techniques ayant réduit l'usage du facteur travail (mécanisation, etc.). Ainsi, la production à l'étranger des constructeurs automobiles japonais a excédé leurs exportations à partir du territoire nippon[8]. Or la production d'une entreprise japonaise en France est comptabilisée comme une production française. Si elle est ensuite exportée en Allemagne, il s'agit donc d'une exportation française. C'est pourquoi nous allons à présent étudier l'évolution de la localisation de la production.

Investissements à l'étranger et diffusion des techniques

La création de filiales à l'étranger et l'internationalisation des processus productifs constituent un autre aspect de la

7. La valeur ajoutée de ces activités n'est pas prise en compte [V, 19].
8. Robert BOYER, « Les mots et les réalités », *loc. cit.*, p. 18.

mondialisation, qui peut être résumé par l'émergence des firmes transnationales. Ce phénomène n'est pas nouveau, mais il a pris de l'ampleur au cours des années 1990 : on compte aujourd'hui environ 60 000 firmes transnationales contrôlant 800 000 filiales dans le monde.

On appelle investissement direct à l'étranger (IDE) la création ou la prise de contrôle d'une entreprise à l'étranger. Cette notion recouvre aussi bien la création de succursales que l'achat d'une part significative du capital d'une société (10 %). Autrement dit, elle comprend aussi bien des investissements physiques (achat de machines) que des opérations purement financières (rachat d'actions). Le stock des IDE atteignait environ déjà 9 % de la production mondiale en 1913, selon les estimations de Paul Bairoch [9] ; ce niveau ne sera dépassé qu'au milieu des années 1990, et il continue depuis de croître (le montant moyen annuel des investissements directs est passé de 43 milliards de dollars au cours de la période 1981-1985 à 611 milliards de dollars en 1998, et celui des investissements de portefeuille de 77 à 923 milliards de dollars [10]).

Or ce type d'investissement peut éventuellement contribuer à la diffusion des techniques, qui fait partie du phénomène de mondialisation selon la définition retenue plus haut. Cependant, il faut considérer la répartition régionale des IDE. Selon la CNUCED (Conférence des Nations unies sur le commerce et le développement), en 2000, 71 % des IDE ont pour destination les États-Unis, l'Europe occidentale ou le Japon et seulement 0,65 % ont pour destination l'Afrique ! Pis encore, ce dernier taux décroît (2,5 % au début des années 1980, il était encore de 2 % sur la période 1989-1994). De plus, ce chiffre représente une moyenne : si on analyse la répartition sectorielle, on constate qu'« en général, plus un secteur est technologiquement avancé, plus il est

9. Paul BAIROCH et Richard KOZUL-RIGHT, « Globalizations myths : some historical reflections on integration, industrialization and growth in the world economy », *UNCTAD Discussion Paper*, n° 113, 1996, p. 10.

10. Dominique PLIHON, « Les enjeux de la globalisation financière », *in* Serge CORDELLIER (dir.) *La Mondialisation au-delà des mythes*, La Découverte, coll. « Poches/Essais », Paris, 2000, p. 76, d'après BRI et FMI.

concentré [11] » géographiquement. On peut donc douter de la réalité du « rattrapage technologique » et de l'effectivité du « village global »...

Il ne s'agit pas de nier que des révolutions techniques majeures furent diffusées au cours du XXe siècle : tous les pays sont dotés de lignes téléphoniques et d'aéroports. Et le coût d'un appel New York-Londres a été divisé par 150 entre 1960 et 2000 [12] ! Mais la diffusion des techniques semble se ralentir. Elle est tributaire des brevets, dont la majeure partie (87 % en 1999) est déposée aux États-Unis.

Étudions à présent le domaine dans lequel le rôle des décisions politiques fut le plus flagrant : celui des transactions financières.

La mondialisation financière est en partie nouvelle

Les transactions réalisées sur les marchés financiers occupent indéniablement une place croissante dans l'économie depuis les années 1970. Le montant de ces transactions atteint actuellement cinquante fois la valeur du commerce international de biens et services. Et les capitaux circulent très rapidement, grâce aux progrès de l'informatique mais aussi grâce au *décloisonnement*, à la *déréglementation* et à la *désintermédiation* des marchés (les « trois D ») survenus dans les années 1970 et 1980. Par exemple, en France, la loi bancaire de 1984 a ouvert le marché monétaire aux agents non bancaires et peu après le contrôle des changes fut supprimé. Mais les décisions les plus déterminantes en la matière furent le fait des États-Unis, qui mirent fin au système de Bretton Woods au début des années 1970 [II, 9].

Par ailleurs, la forte inflation de la fin des années 1960 et du début des années 1970 a conduit les rentiers et les actionnaires à exercer de fortes pressions en faveur de taux d'intérêt

11. CNUCED, *Rapport sur l'investissement dans le monde*, Genève, 2001, p. 13.
12. Paul MASSON, « Globalization : facts and figures », *loc. cit.*, tableau 2, p. 6.

élevés. Aux États-Unis, les fonds de pension, qui bénéficient d’apports réguliers de capitaux à long terme, vont jouer un rôle crucial dans la revanche du capital financier sur le capital industriel. L’expérience des « eurodollars » (dollars créés par des opérations de crédit sur des comptes en dehors des États-Unis), acquise dans les années 1960 sous le regard bienveillant des autorités britanniques, facilitera la montée en puissance des « zinzins » (« investisseurs institutionnels » : fonds de pension, fonds de placement, compagnies d’assurance...). De fait, à partir d’octobre 1979, la Banque centrale américaine augmente ses taux d’intérêt à court terme. Et le taux d’intérêt réel de long terme (taux à long terme courant, hors inflation) augmente jusqu’au début des années 1990. Dans les pays du G7, il passe d’une moyenne de 0,5 % dans les années 1970 à 6 % dans les années 1980, selon l’OCDE. Cette hausse s’est faite au détriment des salaires mais surtout des profits. Ce taux d’intérêt à long terme dépend, outre du taux à court terme, de la perception du risque par les agents. L’instabilité du nouveau système financier a augmenté les primes de risque ; et la pratique des taux variables, qui permet un transfert de risque vers l’emprunteur, s’est généralisée.

Le visage actuel du système financier n’est donc pas l’œuvre des seules innovations techniques mais également des politiques menées depuis trente ans. Quelles sont les conséquences de ces politiques ?

Au niveau de la répartition des modes de financement, le crédit bancaire reste la principale source de financement, mais sa part relative a diminué tandis que celle des titres a augmenté [I, 3]. Cela est dû à deux facteurs principaux. En mettant fin au monopole du système, dit « intermédié », dans lequel les crédits étaient fournis aux entreprises par les banques, sous la surveillance de l’État, la déréglementation offre la nouvelle possibilité du financement par le marché. Deuxièmement, les banques elles-mêmes ont de plus en plus recours aux titres : c’est le phénomène de titrisation. La capitalisation boursière des dix pays les plus riches du monde représentait 44 % de leur PIB en 1985, elle en représente 98 %

en 1998 [13]. De ce fait, les investissements de portefeuille occupent une part croissante des flux de capitaux.

Une évolution financière en trompe l'œil

Contrairement à l'intégration commerciale, l'intégration financière est donc indéniable. Nous allons à présent tenter de la mettre en perspective. « Bien avant le XXᵉ siècle, l'exportation des capitaux a été une réalité quotidienne, pour Florence dès le XIIIᵉ siècle, pour Augsbourg, Anvers et Gênes au XVIᵉ. Au XVIIIᵉ siècle, les capitaux courent l'Europe et le monde [14]. »

Par rapport à la période 1914-1950, les flux bruts de capitaux ont considérablement augmenté et la dispersion des taux d'intérêt a diminué. On semble donc revenu à des marchés de capitaux plus intégrés. « Cependant, cette fois, l'intégration des marchés des capitaux se caractérise par des flux bruts nettement plus importants que durant la période qui a précédé 1914, même si les flux nets ne sont pas, pour leur part, plus importants [15]. » En conséquence, le solde de la balance des transactions courantes, qui comptabilise les flux nets, représente rarement une forte proportion du PIB. Cette divergence entre l'évolution des flux bruts et des flux nets s'explique notamment par l'augmentation de la vitesse de circulation du capital : par exemple, en l'absence de plus-value, un achat suivi d'une vente (au même prix) d'actions américaines par des capitaux français dans la même année ne modifie pas le solde de la balance courante [16]. Ces allers-retours ont été encouragés par les « trois D » évoqués plus haut. La durée moyenne de détention des actions a baissé de moitié en dix ans.

13. OCDE, *Perspectives économiques de l'OCDE*, Paris, juin 2000.

14. Fernand BRAUDEL, *La Dynamique du capitalisme*, Flammarion, coll. « Champs », Paris, 1985, p. 118.

15. FMI, « Globalization in historical perspective », *World Economic Outlook*, 1997. Reproduit dans *Problèmes économiques*, n° 2541-2542, novembre 1997, p. 19-21.

16. Cet achat et cette vente seront comptabilisés comme deux flux dans les flux bruts, mais le flux net (achat-vente) sera nul.

Rappelons que les sorties nettes de capitaux européens ont été multipliées par vingt-deux entre 1840 et la Première Guerre mondiale. En Grande-Bretagne, elles représentaient en moyenne 6,5 % du PNB entre 1905 et 1914, et atteignirent certaines années les 9 %, ce qui est tout à fait considérable. Les entrées de capitaux au Canada dépassèrent même 10 % de son PNB. Les mouvements nets de capitaux sont actuellement plus modestes : les pays exportateurs de capital ont des surplus dépassant rarement les 5 %.

Nous avons mis en évidence l'importance des décisions politiques dans le processus de mondialisation. « La mondialisation relève sinon d'un mythe, du moins d'un abus de langage. Les hommes politiques ne sont pas tant confrontés à une nécessité implacable que contraints à des choix lourds de conséquences [17]. » Si la mondialisation n'est pas un fait naturel, elle est souvent perçue comme telle parce que la chute des pays « communistes » accrédite l'idée du caractère naturel de la mondialisation capitaliste, c'est-à-dire de l'extension du mode de production capitaliste.

Par ailleurs, certains aspects de la « mondialisation » n'ont pas été envisagés dans cet article : existe-t-il une « mondialisation des cultures » ? La mondialisation est-elle aussi un mode de perception, une généralisation de la mentalité capitaliste ?

---

17. Martin WOLF, « The global economy myth », *loc. cit.*

6 “La mondialisation rend impossible toute politique économique”

Aurélien Saïdi

« Les impératifs de stabilité monétaire et de discipline budgétaire ne sont pas les corollaires de la monnaie unique, mais des nouvelles conditions de l'économie et des exigences des marchés financiers dans un monde “globalisé”. »

Gérard MOATTI, « Du bon usage de l'euro pour la croissance et l'emploi », *L'Expansion*, n° 565, 22 janvier 1998.

« Rigueur, réforme, voilà de quoi l'Europe a besoin. »

Ernst WELTEKE, directeur de la Banque centrale allemande, *L'Expansion*, n° 612, 6 janvier 2000.

L'État peut-il encore mener une politique budgétaire ? La puissance publique peut-elle encore influer sur la conjoncture, comme au « bon vieux temps » de la planification incitative de l'après-guerre, puis des politiques keynésiennes des années 1960 ? Pour la majorité des analystes et commentateurs, la cause semble entendue : non. Et la première raison avancée pour expliquer cette impuissance est la « mondialisation », qui rendrait illusoire toute volonté de relance économique indépendante de la part d'un pays.

Comme nous allons le voir, c'est l'histoire récente qui justifie ces vues : en France, par exemple, l'« échec » de la relance Mauroy de 1981, du nom du Premier ministre socialiste de l'époque, a en effet mis en avant les difficultés d'une politique budgétaire de relance menée à contre-courant des politiques restrictives des autres pays européens. Il n'est donc pas absurde de dire que le développement des échanges internationaux rend plus délicate une politique budgétaire expansionniste. Mais de là à conclure à l'impossibilité permanente d'une telle politique, il y a un pas que nous ne franchirons certainement pas, en raison notamment des possibilités qu'offre, ou plutôt devrait offrir, l'Union européenne (UE).

La fin des politiques de relance

En France, la relance Mauroy de 1981-1982 utilise le levier des dépenses sociales pour relancer l'activité : le salaire minimum (Smic) reçoit un coup de pouce de 10 %, les prestations sociales sont en hausse, de même que les créations d'emplois publics et les aides à l'embauche. Résultat : le déficit public atteint 2,6 % du PIB en 1982. Si la consommation a bien progressé, notamment de 7 % en un an pour les produits industriels, l'investissement a, lui, stagné, voire diminué en 1981. Au total, le PIB évolue bien médiocrement, stagnant quasiment (+ 0,5 % en 1981).

Où sont passées les sommes distribuées par l'État ? Dans un contexte de morosité européenne, on peut dire que la France a surtout relancé l'économie de ses voisins, par le biais d'une hausse des importations. Et cette relance lui coûte cher en terme d'équilibre : accélération de l'inflation à partir du second semestre de 1981, doublement du déficit commercial… De cet exemple malheureux, de nombreux partisans du non-interventionnisme ont tiré les conclusions hâtives d'une inefficacité des politiques keynésiennes. Mais cette impossibilité est toute relative. D'abord parce que la relance Mauroy a bien eu des effets, comme l'OCDE elle-même le reconnaît [1] : le taux de chômage augmente certes de 0,9 point en France à cette époque, mais au même moment celui de la CEE est en hausse de 1,4 point. Quant au PIB de l'OCDE, il diminue de 0,7 % en 1982, tandis que la France connaît une croissance de

1. Étude citée par Alain FONTENEAU et Pierre Alain MUET, *La Gauche face à la crise*, Presses de la FNSP, Paris, 1985.

1,8 %. Mais le déphasage entre la situation expansionniste française et la situation internationale atone vouait cette initiative solitaire à l'échec.

Suite aux difficultés connues par les politiques de relance, en France mais aussi aux États-Unis, des voix se sont donc élevées pour remettre en cause ces politiques. Ces économistes antikeynésiens se nomment les « monétaristes », du fait de l'importance primordiale qu'ils accordent à la préservation de la valeur de la monnaie, c'est-à-dire à la lutte contre l'inflation. Leur leader, l'économiste de Chicago Milton Friedman, décrète ainsi en 1968 qu'au vu des périodes de « stagflation » connues par l'économie américaine à la fin des années 1960, l'objectif de plein emploi doit être abandonné. Autrement dit, en période d'inflation *et* de chômage, c'est à la lutte contre l'inflation qu'il faut donner la priorité. Tout l'argumentaire repose sur l'existence — non fondée — d'un « taux de chômage naturel » en dessous duquel l'économie ne peut durablement descendre. Ce taux résulterait en effet de la structure même du marché du travail, et plus précisément de ses « rigidités ». Le *seul* moyen de lutter contre le chômage consisterait alors à mettre fin à ces rigidités [III, 11]. Tant qu'elles perdurent, toute politique keynésienne serait vouée à l'échec : elle ne pourrait conduire qu'à l'inflation, sans effet réel et durable sur la croissance, et donc l'emploi.

Dans ce cadre, la politique budgétaire serait donc condamnée, par hypothèse, à une efficacité *au mieux* de courte durée [2]. La politique monétaire devient seule apte à agir. Pour ce faire, la règle préconisée par les monétaristes est un contrôle de la quantité de monnaie en circulation dans l'économie, qui ne doit pas augmenter trop vite, sous peine de relancer l'inflation. On l'aura compris, le but de la politique économique n'est alors plus la lutte contre le chômage mais contre l'inflation. Plus encore, le chômage va même devenir un *moyen de lutte contre l'inflation*, puisqu'un taux de chômage élevé décourage

2. Toute une armada de concepts économiques est mobilisée pour démontrer cette assertion : neutralité de la monnaie à moyen et long terme, principe d'équivalence ricardienne, etc. Voir, pour plus d'information, Bernard GUERRIEN, *Dictionnaire d'analyse économique*, La Découverte, Paris, 1996, p. 200, 231 et 299.

les salariés, trop heureux de conserver leur emploi, de demander des augmentations de salaires. Puisque les salaires n'augmentent plus ou peu, les entreprises n'ont alors aucune raison d'accroître leurs prix : au final, c'est l'inflation qui est maîtrisée. Le tournant monétariste est ainsi un virage à 180 degrés par rapport aux préceptes keynésiens : non seulement il ne s'agit plus de lutter contre le chômage, mais il faut même éviter à tout prix que celui-ci ne soit trop faible[3] !

En France, après l'échec de la relance Mauroy, l'inflation devient ainsi l'ennemi public numéro un. Une politique dite « de désinflation compétitive » se met en branle à partir de 1983, sous l'impulsion de Jacques Delors, alors ministre des Finances. Le but visé par cette politique est, par une diminution de l'inflation, de prendre des parts de marché à nos principaux concurrents. Les prix des produits français baissant (ou, plus exactement, augmentant moins vite que ceux des produits des pays concurrents), ceux-ci devraient mieux se vendre. Ce sont donc les exportations qui soutiendront l'activité, et non plus les dépenses publiques. Simultanément, une « modération salariale » est censée garantir une hausse du profit des entreprises qui sont alors poussées à investir, stimulant ainsi la demande, la croissance et l'emploi : « Les profits d'aujourd'hui sont les investissements de demain et les emplois d'après-demain », décrète le chancelier social-démocrate allemand Helmut Schmidt dans les années 1970.

Cette politique aura un effet considérable dans le partage salaires/profits, au détriment des premiers, comme l'indique le graphique 1 ci-après. Mais cette restauration du profit ne permettra pourtant pas de contrer la baisse de la consommation et de l'activité en général : la rentabilité des entreprises ne s'améliore donc pas. Quant au théorème de Schmidt, il oublie que l'investissement n'est pas subordonné aux seuls profits : la hausse des taux d'intérêts, nécessaire à la désinflation[4], dissuade notamment les entreprises d'investir.

---

3. Voir Jean-Paul FITOUSSI, *Le Débat interdit*, Arléa, Paris, 1995 (rééd. Seuil, 2000), pour d'intéressants développements sur ce point.

4. Plus les taux d'intérêts sont élevés, plus le crédit est cher, et donc moins il est intéressant pour les entreprises d'emprunter. De ce fait, les banques prêtent moins, et donc la quantité de monnaie en circulation est diminuée d'autant, ce qui diminue à son tour l'inflation.

GRAPHIQUE 1. — PARTAGE DE LA VALEUR AJOUTÉE* DES ENTREPRISES EN FRANCE, 1970-2000

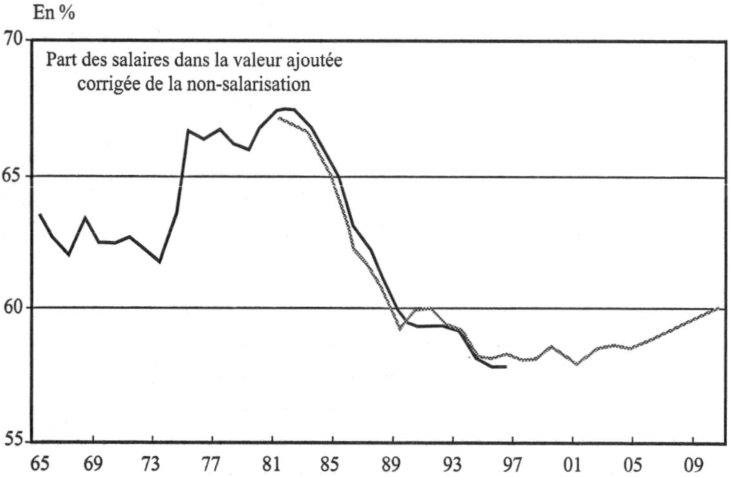

* La valeur ajoutée (VA) est la différence entre ce qu'une entreprise, ou une branche, produit et ce qu'elle consomme pour produire (appelé « consommations intermédiaires »). C'est donc la « richesse nette » dégagée par la production. C'est cette richesse qui est ensuite affectée au versement des salaires (au sens large, y compris les cotisations sociales employeurs) et à la rémunération du capital.

Source : Xavier TIMBEAU, « Le partage de la valeur ajoutée en France », *Revue de l'OFCE*, n° 80, janvier 2002, p. 63-85.

Cette politique est sans aucun doute un franc succès… dans la lutte contre l'inflation : le taux de croissance annuel moyen des prix à la consommation passe de 9,6 % sur la période 1980-1985 à 3 % sur la période 1985-1989. Le taux de chômage, quant à lui, suit le mouvement exactement inverse : il est multiplié par 1,5 de 1980 à 1989. La balance commerciale devient certes excédentaire, même avec des pays jusque-là inaccessibles comme le Japon, mais cet excédent est essentiellement le fait d'une demande intérieure insuffisante, qui freine les importations. Pour preuve d'un sous-investissement chronique, le « taux d'autofinancement » des entreprises, c'est-à-dire la part des investissements qu'elles réalisent sans recourir à un prêt bancaire ou à l'émission d'actions, tend à dépasser les 100 % à partir de 1988. Pour le dire autrement, les entreprises ont des liquidités à ne plus savoir qu'en faire : la demande pour leurs produits stagnant, elles n'ont aucune raison d'investir pour accroître leurs capacités de production. La rigueur persistante des années 1990 amène à une seule conclusion : la France s'établit, jusqu'à peu, au premier rang européen… en terme de taux de chômage [5].

GRAPHIQUE 2. — L'ÉVOLUTION DE L'INFLATION ET DU CHÔMAGE EN FRANCE, 1970-2000

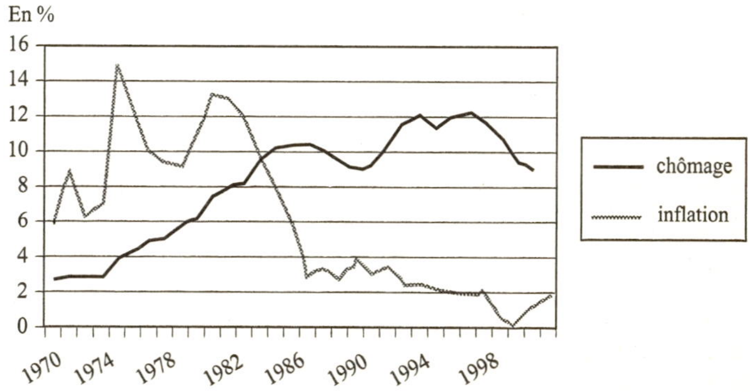

Source : OFCE, *L'Économie française 2002*, La Découverte, coll. « Repères », 2002.

La fin de la politique économique ?

On aurait pu penser que le succès rapide obtenu contre l'inflation, en France et en Europe, aurait mis fin à l'obsession inflationniste. Pourtant, son spectre est à l'origine des critères du traité européen de Maastricht, signé le 7 février 1992. D'une part, celui-ci met fin à la possibilité pour tout gouvernement d'un État membre de la future UEM (Union économique et monétaire, entrée en vigueur le 1er janvier 1999) de mener une politique monétaire indépendante, ce droit étant

5. L'augmentation du chômage en France est supérieure à celle de tous ses partenaires (0,6 point de plus que la moyenne de la CEE de 1980 à 1990, 1,3 point de plus que celle de l'OCDE).

désormais transféré à une instance supranationale, la Banque centrale européenne (BCE). Or l'« objectif principal » de la BCE « est de maintenir la stabilité des prix », ainsi que l'indique clairement le traité (art. 105). La promotion de la croissance et de l'emploi n'est pas de son ressort. Mais, d'autre part, afin d'assurer une certaine convergence des situations économiques nationales, le traité définit les critères d'éligibilité à l'entrée dans la première étape de l'UEM, celle de la libéralisation complète des mouvements de capitaux :

— le taux d'inflation doit être inférieur de 1,5 point à la moyenne des trois pays les plus performants, soit au final 2,8 % fin 1997 ; ce qui exclut alors la participation de la Grèce ;

— le taux d'intérêt de long terme doit être inférieur de 2 points à la moyenne des trois pays les plus performants, soit 8 % fin 1997 ;

— une appartenance au Système monétaire européen depuis au moins deux ans est requise ;

— le déficit public (administrations centrales dont l'État, les collectivités locales et la Sécurité sociale) doit être inférieur à 3 % du PIB ;

— la dette publique ne doit pas dépasser 60 % du PIB.

Comme on le voit, ces critères empêchent toute politique budgétaire expansionniste. C'est d'ailleurs pour cela qu'ils ont été créés. Des économistes ont montré que, sous des hypothèses raisonnables de taux d'intérêt, de croissance du PIB et d'inflation, un maintien du déficit budgétaire à 3 % du PIB correspond justement à une stabilité de la dette à… 60 % du PIB [6]. Mais ce n'est sans doute pas pour cela, ou du moins pas uniquement, qu'ils ont été adoptés. Portés sur les fonts baptismaux comme des lois économiques essentielles, ils sont avant tout les fruits de longues tractations politiques. Tractations dans l'établissement du chiffre d'abord : les 3 % retenus représentent tout simplement l'ordre de grandeur moyen des déficits publics des principaux pays de l'Union à l'époque ; mais rien n'aurait empêché de prendre 4 %. De plus, les 3 %,

6. Jean CORDIER, Pierre JAILLET et Dominique PLIHON, « La conduite des politiques économiques et le policy mix dans l'UEM », *Économie et Statistique*, nº 262-263, 1993.

de même que les 60 %, semblent dans le contexte économique d'alors tout à fait abordables pour la France, l'Allemagne et la Grande-Bretagne.

Mais, fin 1997, tout change : on s'aperçoit que l'Allemagne, la Belgique, l'Espagne, la Grèce, l'Italie et le Portugal notamment, ne respectent pas le cinquième critère énoncé. L'Allemagne est à 61,3 %, passe encore ; mais l'Italie est à 121,6 %. Or il est alors impensable de rejeter de l'UEM un pays présent depuis le traité de Rome de 1957. Dans la « rigueur scientifique » qui caractérise les critères, une « clause d'effort » est alors prévue par le traité : il ne s'agit pas tant pour un pays de respecter le critère au 1er janvier 1998, que de l'identifier comme horizon potentiellement accessible (donc de tendre progressivement à le rejoindre). Cela permet de requalifier *ipso facto* l'ensemble des pays dits « du Club Med » par les banquiers centraux (Italie, Espagne, Portugal), ainsi que la Belgique.

Vers une politique économique européenne ?

Nous savons à quel point ces critères restent d'actualité en 2003. Or leur définition même, les conditions de leur création reposent, comme on vient de le voir, sur une stricte séparation de la politique monétaire et de la politique budgétaire : à la première la lutte contre l'inflation, à la seconde la lutte contre les déficits publics. Mais il est aussi absurde de penser séparément ces deux politiques que de privilégier l'accélérateur sur le frein dans la construction d'une voiture.

Un exemple simple illustre cette interdépendance des politiques budgétaire et monétaire : souhaitant lutter contre l'inflation, les pays européens ont accru leurs taux d'intérêt. Or cette hausse des taux d'intérêt, nettement supérieure à la croissance du PIB, a littéralement fait exploser la dette publique. Le graphique 3 ci-dessous montre la forte hausse de la dette entre 1991 et 1998, due notamment aux taux d'intérêt très élevés de la fin des années 1980 et du début des années 1990. Pour limiter leur dette, les États ont alors été contraints à toujours plus de rigueur, ce qui les a fait tomber dans un véritable cercle vicieux : la baisse des dépenses publiques a alimenté la récession, ce qui a diminué d'autant les recettes publiques, d'où la nécessité à nouveau de diminuer les dépenses pour contenir le déficit, d'où une nouvelle récession, etc. Au total, une politique monétaire trop restrictive ne pénalise pas seulement la croissance ; elle empêche également la politique budgétaire d'atteindre ses objectifs.

GRAPHIQUE 3. — TAUX D'INTÉRÊT ET DETTE PUBLIQUE EN FRANCE, 1977-2002

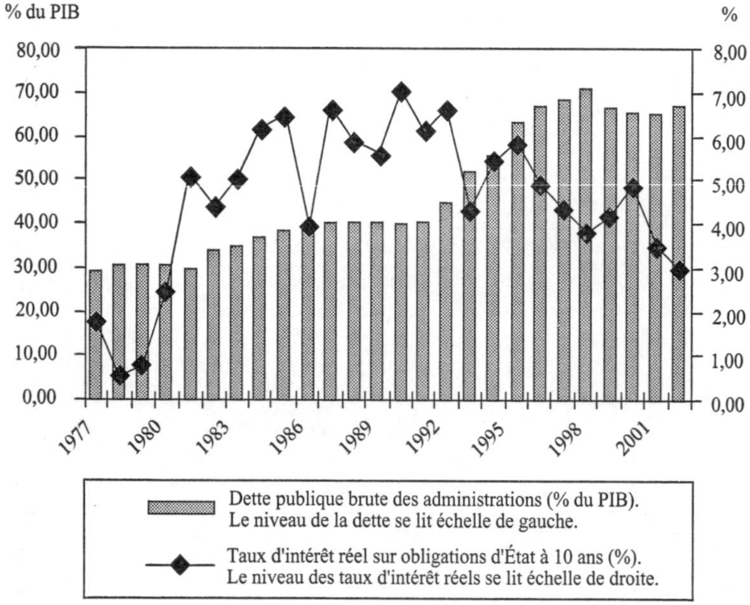

Source : OCDE.

À l'inverse, c'est bien cette capacité à coordonner politique budgétaire et monétaire qui explique la réussite des États-Unis dans la lutte contre le chômage [V, 20], et non la « flexibilité » de leur marché du travail [III, 11]. Car l'État fédéral américain n'a, lui, aucun complexe à utiliser l'arme budgétaire pour accompagner efficacement la politique monétaire de la Fed (Federal Reserve Bank), la banque centrale américaine.

Réciproquement, le patron de la Fed, Alan Greenspan, ne prend pas de décisions indépendamment de la situation économique de son pays.

Pourquoi l'Europe connaît-elle un tel taux de chômage [III, 11] [7] ? Si à la fin des années 1980, la hausse du chômage en Europe pouvait s'expliquer par une hausse des salaires supérieure aux gains de productivité, ainsi que par les effets défavorables des chocs pétroliers, une telle explication ne tient plus depuis cette période. Aujourd'hui, l'Europe connaît avant tout un problème de demande, malgré un marché intérieur important. Et seule la politique budgétaire peut remédier à cette faiblesse. Encore faut-il qu'elle soit menée au niveau approprié, c'est-à-dire européen : il semble alors évident qu'un simple cadre, tel que le traité d'Amsterdam [8], se contentant de rappeler les engagements de Maastricht, n'est pas suffisant en vue d'obtenir de chaque pays une participation active à cette politique.

En effet, l'Europe peut tout à fait mener une politique de relance budgétaire. *En tant que zone*, elle n'est pas plus ouverte que les États-Unis [9], puisque les échanges se font essentiellement entre pays de l'UE [10]. Si l'Europe abandonne la vieille idéologie monétariste pour se rapprocher de décisions plus pragmatiques, elle pourra relever le défi du plein emploi. Les besoins à satisfaire ne manquent pourtant pas, comme la construction de logements sociaux, le développement de transports urbains et transnationaux, voire une politique énergétique écologique. De nombreux économistes, et parmi les plus réputés, se sont d'ailleurs prononcés en faveur d'une politique européenne dans ces domaines dès le début de la décennie 1990 [11]. Enfin, de telles mesures ne sauraient se

7. 7,7 % de la population active en novembre 2002 (8,4 % pour la zone euro).

8. Signé le 2 octobre 1997, il est entré en vigueur le 1er mai 1999.

9. Les taux d'ouverture, c'est-à-dire la moyenne des importations et des exportations rapportées au PIB, atteignent, en 2000, 13,1 % aux États-Unis, 10,1 % au Japon et 11,5 % dans l'UE (13,4 % dans la zone euro).

10. Ainsi, le taux d'ouverture de la France seule est de 28 % en 2001, celui de l'Allemagne de 33,5 %. Mais comme une part de ces échanges se font justement entre ces deux pays, au niveau européen, ils apparaissent comme des échanges intérieurs.

11. Voir notamment Jacques DRÈZE et Edmond MALINVAUD (avec Paul de GRAUWE, Louis GEVERS, Alexander ITALIANER, Olivier LEFEBVRE, Maurice

passer d'une politique monétaire adéquate, c'est-à-dire garantissant des taux d'intérêt faibles, afin d'encourager l'investissement, public comme privé.

Il est donc primordial que les États européens s'entendent sur une « charte de politique économique [12] » commune afin que cette politique économique ne se limite pas à un simple respect de critères préétablis, mais engage à l'avenir chaque État dans la réalisation d'objectifs concrets en matière de dépenses publiques et de satisfaction des besoins sociaux.

MARCHAND, Henri SNESSENS, Alfred STEINHERR, et Paul CHAMPSAUR, Jean-Michel CHARPIN, Jean-Paul FITOUSSI, Guy LAROQUE), « Croissance et emploi : l'ambition d'une initiative européenne », *Revue de l'OFCE*, n° 49, 1994, p. 247-288 ; ou Jacques DRÈZE, *Pour l'emploi, la croissance et l'Europe*, De Boeck Université, Bruxelles, 1995.

12. Selon l'expression de Pierre JACQUET et Jean PISANI-FERRY, « La coordination des politiques économiques dans la zone euro : bilans et propositions », *Questions européennes*, Conseil d'analyse économique, n° 27, La Documentation française, Paris, 2000.

7 « Les politiques d'ajustement structurel sont la clé de la croissance et de la prospérité pour les pays en voie de développement »

Manuel Domergue

« L'ajustement structurel, c'est plus de croissance et davantage d'emplois demain. »

Michel CAMDESSUS, alors directeur général du FMI, *Le Monde*, 9 juillet 1987.

« L'équipe des économistes du FMI est certainement la meilleure du monde, parce qu'il est normal que le monde s'offre ça. [...] Nos recommandations étaient les bonnes, mais elles ont été mal appliquées. »

Michel CAMDESSUS, en 1998 [1].

C'est en 1979 que le G7 [2] invite la Banque mondiale et le Fonds monétaire international (FMI) à mettre en œuvre des « plans d'ajustement structurel » (PAS). Depuis, une centaine de pays y ont été soumis, suite à la crise de la dette débutée en 1982. Selon le « consensus de Washington », corps de doctrine à l'origine des PAS partagé par l'ensemble

1. Cité par Serge HALIMI, « À crise du marché, remède de marché... », *Le Monde diplomatique*, septembre 2002, p. 3.

2. Groupe des sept pays les plus industrialisés du monde : États-Unis, Canada, Japon, France, Italie, Royaume-Uni, Allemagne.

des institutions financières internationales (IFI), les causes des difficultés des pays du Sud sont claires : déficit extérieur et inflation. Et la solution principale réside dans le retour aux grands équilibres macroéconomiques : par l'austérité et la dévaluation. À cette fonction stabilisatrice, assumée par le FMI, s'ajoute l'ambition de réformes structurelles lancées par la Banque mondiale pour créer une économie de marché dynamique et ouverte : privatisations et libéralisation doivent permettre « l'ajustement dans la croissance ».

Les PAS ont donc toute leur place dans la présente anthologie des idées reçues, car ils en constituent une sorte de compilation, avec les particularités d'être imposés de l'extérieur et à l'échelle du monde endetté. De fait, on observe que la croissance et la prospérité n'ont généralement pas été au rendez-vous pour les pays ayant eu à subir un PAS. Et la dette n'a fait qu'augmenter. C'est l'étude détaillée des conséquences de chacune des grandes mesures des PAS qui permet de conclure à leur échec, à l'impasse d'un modèle dont la lutte contre la pauvreté n'a jamais été la priorité.

Du piège de la dette aux purges inefficaces

Le brusque changement de paradigme, du « nouvel ordre économique international » de 1974 à l'orthodoxie néolibérale, correspond moins aux « avancées de la science économique » qu'à une modification de la distribution du pouvoir liée à la crise de la dette du tiers monde. En effet, jusqu'à la fin des années 1970, de nombreux pays du Sud avaient voulu s'affranchir de la tutelle des anciens colonisateurs. Mais leur modèle de développement, visant à « rattraper » les pays riches en misant sur l'endettement extérieur, n'était ni démocratique ni efficace. Il est resté dépendant d'un système économique international dominé par le Nord, dont la largesse en matière d'emprunts fut exceptionnelle et aveugle, mais de courte durée.

Le piège de la dette s'est refermé dès la fin des Trente Glorieuses : dès lors que le prix des matières premières s'effondre (dégradation des termes de l'échange de 12 % par an entre 1978 et 1982 pour les PVD), que les taux d'intérêt s'élèvent sous l'effet de la politique américaine d'attraction des capitaux internationaux, et que les pays riches eux-mêmes en crise diminuent leur aide, la dette ne peut plus être remboursée. Comme les crédits sont souvent à taux variables, les pays du Sud ayant emprunté en 1976 au taux affiché de 6,1 % ont en fait supporté un taux de 16,7 % en 1981 [3]. Ils doivent donc rembourser plus, avec des recettes en diminution. Quand, en 1982, le Mexique est le premier à déclarer être dans l'incapacité de rembourser, les prêteurs craignent que cela n'encourage les autres pays endettés à faire de même et n'entraîne une faillite bancaire mondiale. Le FMI intervient donc à l'appel des banques occidentales.

Pour la Banque mondiale et le FMI, les PVD ne sont endettés que parce qu'ils ont vécu « au-dessus de leurs moyens ». Ils doivent donc faire des économies afin de pouvoir rembourser les créanciers. Pour cela, une politique d'austérité doit combattre l'inflation et atténuer le poids des déficits budgétaires. Pour atteindre la stabilité financière, les IFI préconisent d'encadrer le crédit afin de restreindre l'offre de monnaie. Les taux d'intérêt augmentent vivement, et cette lutte drastique contre la moindre inflation ne peut que déprimer les investissements et restreindre l'accès au crédit pour les petits producteurs. Pour réduire le déficit commercial, la dévaluation monétaire est censée faciliter les exportations. Mais comme elle augmente le prix des importations incompressibles et déprime la production intérieure, elle n'évite ni l'« inflation importée » ni la récession. Dans les pays surendettés, les exportations n'ont retrouvé leur niveau de 1981 qu'en 1989 [4]. De plus, sous couvert d'incitation à l'épargne, ces politiques enrichissent les rentiers qui prêtent leur argent à des taux élevés, ainsi que ceux qui ont pu convertir leur argent à temps et ont ainsi vu leur fortune augmenter de 40 % ou 50 %.

---

3. Thomas COUTROT et Michel HUSSON, *Les Destins du tiers monde*, Nathan, Paris, 1993, p. 167.
4. Pascal ARNAUD, *La Dette du tiers monde*, La Découverte, Paris, 1991, p. 101.

Les PAS s'attaquent également aux déficits budgétaires, parce qu'ils pèsent sur la balance des paiements. Les IFI préconisent donc de diminuer les dépenses publiques, tout en augmentant les impôts. Ce souci comptable du FMI de faire des économies rejoint l'objectif de la Banque mondiale : désétatiser les économies du tiers monde pour faire émerger les « forces vives » étouffées par la puissance publique. Il s'agit de transférer les ressources productives du public au privé. Hélas ! les monopoles publics sont souvent vite devenus des monopoles privés, à la faveur de privatisations précipitées et faute d'une réglementation de la concurrence préalable [I, 2]. En Afrique, les repreneurs sont souvent des grandes firmes de l'ex-métropole qui profitent de leur position de monopole pour augmenter les prix, après élimination de la concurrence locale, et rapatrier les profits.

Les privatisations étaient censées retirer le pouvoir des mains des élites politiques accusées de clientélisme. Malheureusement, en raison de la collusion entre les élites politiques et économiques, elles ont donné lieu à des malversations : commissions aux intermédiaires au Brésil et en Argentine, entreprises sous-évaluées pour les brader à des proches du pouvoir au Vénézuela... Là où le bât blesse, c'est que les entrepreneurs privés imaginés par le FMI et la Banque mondiale se sont la plupart du temps révélés n'être que des affairistes plutôt que des industriels. Le refus idéologique de voir les déficiences du secteur privé a été poussé à son paroxysme lors des privatisations des entreprises russes de 1992, accaparées par l'ancienne *nomenklatura* soviétique et la mafia [5]. L'exemple de l'oligarchie militaire algérienne, passant sans problème des monopoles publics aux privés, montre, s'il était nécessaire, l'importance d'un État efficace et reconnu comme légitime lors des politiques d'austérité. L'économie capitaliste ne peut se passer d'un État qui encadre les échanges juridiquement, définit les droits de propriété et les fait respecter.

---

5. Jacques Sapir, *Le Krach russe*, La Découverte, Paris, 1998.

Une libéralisation sans régulation

Ensuite, bien que le lien entre ouverture et prospérité ne soit pas évident [II, 8], la libéralisation commerciale est prônée comme une fin en soi. Les différentes mesures protectionnistes sont abolies, en particulier les quotas, les droits de douane ou les licences d'importation. Le pays qui s'ouvre à la concurrence internationale se spécialise sur ses points forts : théoriquement, la destruction d'emplois suite à la concurrence des produits étrangers doit être compensée par la création d'emplois dans les nouveaux secteurs compétitifs. Cependant, comme l'ouverture a été imposée brutalement, associée à des taux d'intérêt élevés, elle a entraîné une destruction nette d'emplois, notamment chez les fonctionnaires. Les retombées négatives du chômage (main-d'œuvre inutilisée, charges pour les familles, déscolarisation des enfants, violence sociale, etc.), loin d'être compensées par les revenus ponctuels que l'État retire des privatisations, sont une cause de la faible croissance.

La vision d'avantages comparatifs naturels propres à chaque pays est illusoire : le plus souvent, ils sont le produit d'une politique volontariste émanant de l'État. Une ouverture réussie ne peut être menée par un État démantelé, puisque les infrastructures publiques jouent un rôle crucial dans l'attractivité et la compétitivité du territoire [6] [IV, 14]. Sans cela, les pays « ajustés » sont condamnés à se spécialiser dans les secteurs recourrant massivement au travail sous-qualifié ou destructeurs de l'environnement. Pour rembourser la dette, la Banque mondiale préconise un modèle de croissance fondé sur l'exploitation effrénée des ressources naturelles, au mépris des conséquences (comme la destruction d'un quart de la forêt ghanéenne entre 1983 et 1988, ou la pollution chimique dans les *maquiladoras* mexicaines).

Dans l'optique néolibérale des institutions financières internationales, le développement passe par l'investissement privé international, seul gage d'efficacité capable d'entraîner les économies « moins avancées » sur le chemin de la

---

6. Pierre VELTZ, *Mondialisation, villes et territoires. L'économie d'archipel*, PUF, Paris, 1996.

modernisation tracé par les pays riches. Tout est bon pour les attirer : instauration de codes d'investissement limitant l'impôt sur les bénéfices, zones franches, attribution de concessions... Il en résulte que les entreprises étrangères, qui évitent de prendre des risques dans les pays instables, investissent essentiellement dans l'économie de rente, et surtout l'économie d'extraction : pétrole, mines, bois... Les effets d'entraînement sont donc très faibles (on peut douter des bienfaits émanant de la présence de Total en Birmanie et de Shell au Nigéria), tandis que les nuisances sont, elles, très fortes.

Naturellement, cette politique de libéralisation commerciale passe par une libéralisation interne. Les soutiens aux prix des produits de bases locaux sont réduits pour établir la « vérité des prix » et permettre l'« ajustement » rapide des économies aux marchés mondiaux. Même les services publics de base deviennent payants, notamment l'éducation et la santé. Le pouvoir d'achat des consommateurs des produits de base s'en trouve drastiquement réduit : les émeutes de 1998 en Indonésie ne sont pas sans lien avec la suppression des subventions au prix du riz, du soja ou du kérosène, combustible de base pour cuisiner. De même, les offices de commercialisation, dont le rôle était d'amortir les effets des variations de prix mondiaux en mutualisant les risques, sont démantelés ou privatisés. Résultat : une incertitude accrue pour les paysans soumis aux cours erratiques du prix des matières premières. Par exemple, au nom de l'efficacité, en 1991, l'Office de commercialisation des céréales zimbabwéen a été forcé de vendre le stock de sécurité du pays à la veille d'une sécheresse qui s'est alors révélée meurtrière.

Enfin, les crises financières récurrentes, notamment au Mexique (1994-1995), en Asie (1997-1998) ou en Russie (1998), ont mis en évidence les risques d'instabilité engendrés par une libéralisation financière et bancaire effectuée sous le signe de la déréglementation. La plupart des capitaux attirés sont très volatils et provoquent de brusques récessions quand ils quittent le pays simultanément [II, 9]. En fin de compte, le prix de l'ajustement n'est pas payé par ceux qui avaient profité des emprunts, mais par les couches sociales marginalisées incapables de défendre leurs intérêts : petits salariés et fonctionnaires au chômage, femmes et enfants dépendant des produits de première nécessité, agriculteurs déracinés par la crise écologique.

L'échec d'un modèle inadapté

Toutes ces conséquences regrettables ne sont-elles que l'inévitable prix à payer pour rétablir les équilibres ? On ne fait pas d'omelette sans casser d'œufs, mais en l'occurrence, si l'on voit bien les œufs cassés, la perspective de l'omelette reste floue. La Banque mondiale constate elle-même dans son *Rapport 1991* une « amélioration de la balance des paiements » mais, pour la croissance et l'inflation, « les résultats ne sont pas concluants »...

Les PAS n'ont joué un rôle positif que dans les pays dont l'économie était déjà modernisée, avec une industrialisation importante, comme en Turquie ou aux Philippines. D'après une étude menée dans seize pays africains, « les politiques d'ajustement ne rencontrent pas les flexibilités qu'elles présupposent, sauf dans des économies relativement plus salarisées (Zimbabwé et surtout Maurice) [7] ».

On peut s'interroger sur le bien-fondé de ces médecines qui ne soignent que les bien-portants. C'est leur défaut majeur : les plans d'ajustement ont défini une stratégie unique pour des pays très divers. D'autant plus que les réussites régulièrement mises en avant, comme les nouveaux pays industriels (NPI), ont fait à peu près tout le contraire de ce que préconisent tant le FMI que la Banque mondiale [8] [II, 8]. Certes, le commerce extérieur a joué un rôle important, mais c'est l'État qui s'en est servi pour dynamiser l'économie. La Corée du Sud a bénéficié d'une réforme agraire, d'une limitation des importations, d'une politique éducative volontariste, d'une redistribution par l'impôt, des aides américaines exorbitantes et même de deux plans quinquennaux : voilà un drôle de modèle « libéral » ! De plus, la notion de « modèle » de développement est

---

7. Elsa ASSIDON, *Les Théories économiques du développement*, La Découverte, coll. « Repères », Paris, 2000, p. 74.

8. Éric BOUTEILLER et Michel FOUQUIN, *Le Développement économique de l'Asie orientale*, La Découverte, Paris, 1995.

critiquable : comment imaginer que le Brésil puisse mener la même politique qu'une cité-État comme Hong Kong ?

Après avoir été remis en cause dans la rue à maintes reprises[9], le consensus de Washington est en telle contradiction avec la réalité qu'il est désormais contesté de l'intérieur. En 1999, Michel Camdessus, alors directeur du FMI, avait même avoué que l'action de son organisation en Russie avait « contribué à créer un désert institutionnel dans un océan de mensonge[10] » ! Les grandes institutions sont en effet traversées de dissensions, notamment entre les ultralibéraux et les néokeynésiens emmenés par le prix Nobel Joseph Stiglitz, démissionnaire de la Banque mondiale. Quoi qu'il en soit, le modèle de « bonne gouvernance » prôné par ces institution, oscillant aujourd'hui entre marché, charité et déclarations d'intention en faveur d'un développement « participatif » et « décentralisé », a perdu de sa cohérence originelle.

Pourquoi cet échec ? L'évaluation des PAS en fonction des critères de « prospérité » et de « croissance », au-delà même du grave problème posé par leur mesure [V, 19], est un leurre, car là n'étaient pas les objectifs premiers de leurs promoteurs. Leur but n'était pas de libérer le tiers monde de sa dette, mais d'assurer aux banques du Nord qu'elles seraient remboursées. Pour ne pas envoyer de signal négatif aux investisseurs étrangers, une abolition ou même une réduction de la dette était impensable. Le thème de l'allégement de la dette restera tabou jusqu'à la réunion du G7 à Toronto en 1988. Les contre-arguments moraux (coresponsabilité du prêteur et de l'emprunteur, notion de « dette odieuse » léguée aux nouvelles démocraties par les dictatures précédentes) ne peuvent rien face à cet impératif. Derrière les arguments de la rationalité économique dictant la seule politique possible se cache la réalité brute des rapports de force internationaux.

En effet, malgré l'indépendance formelle des États du Sud, le pouvoir revient à des institutions financières internationales, de fait aux mains des pays du G7. La Banque mondiale et le FMI sont apparus en 1944, en marge de l'ONU, sous l'égide

---

9. ATTAC, *FMI, les peuples entrent en résistance*, Syllepse, Paris, 2000.

10. Cité par Jacques Sapir, « Réflexions théoriques à partir de la transition : une crise des paradigmes ? », *Mouvements*, nº 6, La Découverte, Paris, 1999.

des États-Unis. Le principe du « un dollar, une voix » y règne, sans souci de démocratie. Au FMI, les États-Unis, plus gros contributeur, disposent d'un cinquième des voix. À travers la « conditionnalité », étape obligée pour avoir droit à un rééchelonnement de la dette, les organismes censés aider à la stabilité financière en sont venus à imposer des politiques généralistes.

Et peu de pays ont vraiment le choix. Le Zimbabwé, vers la fin des années 1980, a voulu se passer de plan d'ajustement. Mais fin 1990, après que la Banque mondiale, le Royaume-Uni et les États-Unis avaient réduit leurs crédits, le Zimbabwé a bien dû accepter de « se soigner » selon les recettes néolibérales. Cette domination est d'autant plus forte que la fiction de l'unité politique du tiers monde « non aligné » a volé en éclats : aucun front uni des débiteurs ne s'est constitué pour négocier collectivement avec des créanciers occidentaux publics et privés bien organisés. C'est ainsi qu'a eu lieu un véritable « transfert inverse des revenus du Sud vers le Nord », par un service de la dette toujours plus lourd [11] et le rapatriement des profits. Les banquiers peuvent respirer, les peuples du Sud ont payé.

En définitive, contrairement au cercle vertueux qui devait dynamiser les PVD par le retour aux grands équilibres macroéconomiques et le retrait de l'État, un cercle vicieux s'est instauré : austérité et dévaluation, réduction des importations, des investissements et des dépenses gouvernementales, et donc chômage, récession, baisse des exportations... L'échec vient bien de la collaboration des institutions financières internationales, FMI et Banque mondiale, avec les mêmes élites du tiers monde qui avaient mené leurs pays dans l'impasse de la dette. À une domination politique interne aux États s'est superposée l'inégalité des rapports Nord/Sud.

---

11. La part des remboursements (principal et intérêts) par rapport aux exportations de biens et services est ainsi passée de 9,9 % en 1970 à 12,8 % en 1980 et à 19,2 % en 1999-2000 (*source* : Banque mondiale).

8 “La libéralisation du commerce est nécessaire au développement”

Giovani Sanseverini

« Ce rapport confirme que, même si le commerce ne suffit peut-être pas à lui seul à éradiquer la pauvreté, il est essentiel si l'on veut que les pauvres aient l'espoir d'un avenir meilleur. Par exemple, il y a trente ans, la Corée du Sud était aussi pauvre que le Ghana. Aujourd'hui, grâce à une croissance tirée par le commerce, elle est aussi riche que le Portugal. »

Mike MOORE, directeur général de l'OMC (Organisation mondiale du commerce), 13 juin 2000 [1].

Le débat international concernant les politiques économiques à adopter en vue de favoriser la croissance dans le monde et dans les pays en développement est dominé par ce que l'on nomme le « consensus de Washington ». Ce terme, on l'a vu [II,7], désigne un ensemble de prescriptions de politique économique. En bonne place parmi celles-ci figure la nécessité d'une libéralisation du commerce et d'une ouverture de l'économie nationale au commerce mondial. Dans cette optique, l'ouverture commerciale serait un facteur important, voire indispensable, de la croissance et du développement. Cette affirmation n'est pas présentée comme une hypothèse

1. Déclaration à l'occasion de la publication de l'étude de Dan BEN-DAVID (université de Tel-Aviv) et de L. Alan WINTERS (université du Sussex), « Commerce, disparité des revenus et pauvreté » (texte disponible, en anglais seulement, sous le titre « Trade, income disparity and poverty », à cette adresse : <http://www.wto.org/).

qu'il conviendrait d'étudier, mais comme une vérité indiscutable. Par ailleurs, la recommandation implicite est la suivante : « Plus la libéralisation de l'économie est rapide et importante, mieux c'est. »

C'est au nom de cette vérité que les institutions internationales et les gouvernements occidentaux, au premier rang desquels celui des États-Unis, demandent aux pays en développement d'ouvrir leur économie au marché mondial. Selon le consensus de Washington, c'est l'intérêt même de ces pays et de leur population qui le justifie : la libéralisation du commerce serait essentielle pour qu'ils puissent rattraper les pays riches. Tous les obstacles aux importations étrangères doivent être progressivement levés, qu'il s'agisse de barrières tarifaires (droits de douane, quotas d'importation) ou non tarifaires. Ces dernières sont des mesures qui, sans être clairement protectionnistes, offrent (souvent intentionnellement) un avantage aux produits nationaux sur les importations, comme des mesures d'hygiène ou des normes de fabrication permettant d'éliminer les produits étrangers du marché. Tous ces obstacles à la libre circulation des marchandises doivent progressivement être levés. De même, le pays doit laisser librement les investisseurs étrangers s'implanter sur son territoire.

Cette voie est souvent présentée comme un passage obligé : les pays qui ne s'ouvrent pas sont ceux qui prennent du retard ; inversement, plus un pays s'ouvre et plus il va rattraper les pays riches. Tel serait l'enseignement de la théorie économique : depuis Adam Smith et David Ricardo, « chacun sait » que le libre-échange est un jeu où tout le monde gagne nécessairement.

Un précepte démenti par l'histoire, y compris récente

Pourtant, les faits s'accordent difficilement avec cette analyse. Il convient, tout d'abord, de remarquer que les pays actuellement riches prêchent une voie qu'ils n'ont pas suivie eux-mêmes au début de leur phase de développement. Le lecteur sera sans doute étonné d'apprendre que, parmi les pays les plus protectionnistes au XIXe siècle, les États-Unis et le

Japon figuraient en bonne place [2]. Sans prétendre que leur protectionnisme soit la cause de leur développement ultérieur, il est clair en tout cas que celui-ci n'a pas été un frein à la croissance.

Ce n'est qu'une fois devenus une puissance économique de premier plan que les États-Unis se sont faits les défenseurs du libre-échange. En cela, ils réalisaient de façon anticipée la prédiction du président des États-Unis Ulysses Grant, vainqueur de la guerre de Sécession, qui déclarait : « Pendant des siècles, l'Angleterre a pu bénéficier d'un régime de protection qu'elle a poussé à l'extrême. [...] Sans nul doute, c'est à ce système qu'elle doit sa puissance actuelle. Au bout de deux siècles, l'Angleterre a trouvé bon d'adopter le libre-échange parce qu'elle pense que la protection ne peut plus rien lui apporter. Eh bien, Messieurs, ce que je sais de mon pays me porte à croire que d'ici deux siècles, lorsque l'Amérique aura tiré tout ce qu'elle peut d'un système de protection, elle aussi adoptera le libre-échange [3]. »

Il convient de donner sa juste signification à cette réalité historique : celle-ci ne signifie pas qu'il faut du protectionnisme pour se développer, mais elle signifie à coup sûr que, pour les principales puissances économiques actuelles, la libéralisation du commerce n'a pas eu le rôle primordial qu'on lui assigne aujourd'hui dans les pays en voie de développement.

Et les exemples contemporains invoqués en faveur de la libéralisation ne sont pas plus probants. Ainsi, les « dragons asiatiques » (Corée, Taïwan, Singapour, Hong Kong) sont — ou plutôt étaient — souvent présentés comme des exemples en termes de politique de développement par leur ouverture commerciale. Ces « modèles » ont servi de contrepoint à l'échec des politiques autocentrées de « substitution aux importations » mises en place en Amérique latine dans les années 1950 et 1960. La crise violente qui a secoué le Sud-Est asiatique en 1997 a toutefois jeté des doutes sur les effets d'une libéralisation financière et d'une ouverture

---

2. Voir Paul Bairoch, *Mythes et paradoxes de l'histoire économique*, *op. cit.*, p. 63, tableau 10.

3. Cité *in* Jacques Adda, *La Mondialisation de l'économie*, tome I, La Découverte, coll. « Repères », Paris, 1996, p. 40.

commerciale trop rapides. Ces pays ont donc perdu leur statut d'« exemple ».

Mais, même avant la crise asiatique, ces pays ne pouvaient en aucun cas illustrer l'efficacité des politiques de libéralisation prônées par les tenants du consensus de Washington. En effet, si l'économie de ces pays s'est tournée vers l'étranger, c'est de façon contrôlée, encadrée par un État qui impulsait certains secteurs stratégiques par ses politiques d'investissement. De plus, comme le fait remarquer Richard Luedde-Neurath [4] pour le cas de la Corée du Sud, celle-ci a contrôlé de près ses flux d'importation : l'ouverture ne concernait que les secteurs des matières premières utilisées dans les branches où la Corée était exportatrice. Les secteurs où des importations pouvaient concurrencer les producteurs nationaux sont restés relativement fermés.

L'Argentine a longtemps elle aussi été présentée comme un élève modèle du consensus de Washington. La triste actualité de ce pays montre que ses préceptes n'ont pas été suffisants pour qu'il connaisse un développement équilibré. Après le krach de 2001, au premier trimestre 2002, le PIB argentin est retombé au niveau de 1992. Certes, la libéralisation financière et commerciale n'a pas été forcément le facteur déclencheur d'une crise aux origines complexes. Toutefois, la libéralisation des flux de capitaux a facilité la diffusion et l'ampleur de la crise financière. Et s'il est difficile d'apprécier l'impact spécifique pour l'Argentine de la libéralisation du commerce, il est cependant clair qu'elle ne peut plus servir d'exemple pour valider le consensus de Washington.

Enfin, aujourd'hui, la Chine et l'Inde sont citées en exemple pour la réussite de la libéralisation de leur économie. Prenant à témoin la forte croissance de ces pays, les promoteurs de la libéralisation tous azimuts de l'économie mondiale affirment que la libéralisation est à l'origine de leur croissance. Certes, la Chine et l'Inde ont pris des mesures d'ouverture, et le développement des échanges avec l'étranger a sans doute joué un rôle positif. Mais si l'on y regarde de plus près,

---

4. Richard LUEDDE-NEURATH, *Import Controls and Export-oriented Development. A Reassessment of the South Korean Case*, Westview Press, Boulder, 1986.

on s'aperçoit que la Chine et l'Inde n'ont en rien suivi les prescriptions du consensus de Washington : « Les politiques économiques de la Chine ont violé quasiment toutes les règles défendues par les promoteurs de la libéralisation du commerce mondial. La Chine *n'a pas* libéralisé son régime commercial d'une façon un tant soit peu significative, et elle a rejoint l'OMC l'année dernière seulement ; l'économie de la Chine reste encore à présent l'une des plus protégées au monde. [...] L'Inde a réussi à favoriser la croissance en mettant en œuvre des politiques favorables aux entreprises, et ce tout en ayant l'un des régimes les plus protectionnistes du monde [5]. » De plus, quelques mois seulement après son adhésion à l'OMC fin 2001, la Chine a mis en place de nouvelles barrières non tarifaires, pour compenser la baisse des tarifs douaniers [6].

L'impact de la libéralisation du commerce sur la croissance

Le débat ouverture-croissance est l'un des plus étudiés par les spécialistes en économie internationale : il a donné lieu à une masse considérable de travaux statistiques cherchant à mesurer l'impact de l'ouverture commerciale d'un pays sur sa croissance. Ces travaux soulèvent nombre de problèmes techniques liés à la qualité des données, à leur pertinence et aux difficultés statistiques qu'elles induisent. De ce fait, on ne peut en tirer aucune conclusion définitive, d'autant plus que leurs résultats sont souvent contradictoires.

S'il ne semble pas y avoir de lien négatif entre commerce et croissance, les différentes études ne parviennent pas non plus à établir nettement un lien positif. De plus, lorsqu'on interroge le sens de cette causalité (ouverture vers croissance ou croissance vers ouverture ?), très souvent celui-ci n'est pas clair [7].

---

5. Dani RODRIK, « Globalization for whom ? », *Harvard Magazine*, juillet 2002.

6. Voir Frédéric BOBIN, « Neuf mois après l'entrée de la Chine dans l'OMC, les groupes étrangers font face à de nouvelles barrières », *Le Monde*, 2 septembre 2002.

7. Voir notamment Woo S. JUNG et Peyton J. MARSHALL, « Exports, growth and causality in developing countries », *Journal of Development Economics*,

Face aux maigres résultats des études empiriques, il convient donc d'être prudent.

Or, ignorant cette réalité statistique mitigée, les promoteurs du consensus de Washington se contentent souvent de sélectionner les études « pro-ouverture » en faisant l'impasse sur leurs critiques, pourtant parfaitement accessibles dans les publications académiques. Un bon exemple en ce sens est celui d'une étude publiée en 2000 par deux économistes de la Banque mondiale, David Dollar et Aart Kray, intitulée « La croissance est bonne pour les pauvres [8] ». Mais l'un des plus significatifs est sans doute une étude, très citée depuis, publiée en 1995 par les économistes américains Jeffrey Sachs et Andrew Warner [9]. Ces deux auteurs ont tenté de mesurer l'impact de politiques de libéralisation commerciale sur la croissance. Pour cela, ils ont classé les pays entre « fermés » et « ouverts » et ils ont comparé les croissances respectives des deux groupes. Leur conclusion est que les pays « ouverts » ont une plus forte croissance que les pays « fermés », ce qui attesterait l'effet bénéfique de l'ouverture commerciale sur la croissance. Or, cet article a été fortement critiqué par d'autres économistes, Francisco Rodriguez et Dani Rodrik, notamment parce que, parmi les critères retenus par les auteurs, certains n'ont que peu de rapport avec l'ouverture — et c'est justement ceux-là qui expliquent le plus le différentiel en termes de croissance... Ces auteurs critiques concluent donc : « Nous trouvons peu de preuves que les politiques d'ouverture commerciale — au sens d'une diminution des barrières tarifaires et non tarifaires — soient liées de façon significative avec la croissance [10]. »

---

mai-juin 1985, ainsi que Panos AFXENTIOU et Apostolos SERLETIS, « Output growth and variability of export and import growth : international evidence from Granger causality tests », *The Developing Economies*, juin 2000.

8. David DOLLAR et Aart KRAY, *Growth is Good for the Poor*, The World Bank, 2000.

9. Jeffrey D. SACHS et Andrew M. WARNER, « Economic reform and the process of global integration », *Brooking Papers on Economic Activity*, nº 1, 1995, p. 1-53.

10. Francisco RODRIGUEZ et Dani RODRIK, « Trade policy and economic growth », *NBER Paper*, nº 7081, 1999.

Contrairement aux « preuves » mises en avant par les tenants du consensus de Washington, la libéralisation du commerce n'est donc pas clairement liée à une augmentation de la croissance. Ce qui n'implique pas, pour autant, que l'ouverture commerciale s'oppose à la croissance ; en tout cas, les données statistiques n'autorisent pas ce type d'affirmation. Très souvent d'ailleurs, les auteurs qui critiquent le libre-échange tel qu'il est mis en œuvre en pratique sont favorables à celui-ci sur le long terme. Tel était le cas de Friedrich List, économiste allemand du XIXe siècle, qui défendait la possibilité pour une jeune puissance industrielle (en l'occurrence l'Allemagne) de protéger ses industries naissantes avant de les mettre en concurrence avec les acteurs du marché mondial, à l'époque ceux du Royaume-Uni essentiellement.

De même aujourd'hui, ce n'est peut-être pas tant le principe de l'ouverture des économies nationales qui est à critiquer que les modalités de leur mise en œuvre. Ainsi Dani Rodrik est-il favorable à une ouverture des économies en développement, mais, selon lui, c'est la brutalité de la libéralisation qui pose problème : les pays qui s'en sortent le mieux ne sont pas ceux qui appliquent l'ouverture radicale prônée par les tenants du consensus de Washington, mais ceux qui innovent et créent des modalités institutionnelles nouvelles pour ouvrir progressivement leur économie (comme la Chine) : « Si les marchés mondiaux sont favorables aux pays pauvres, les règles avec lesquelles on leur demande de jouer ne le sont souvent pas. [...] On leur demande de mettre en place un agenda de réformes institutionnelles que les pays aujourd'hui les plus avancés ont mis des générations à réaliser [11]. »

La réalité du libre-échange imposé

Non seulement les pays riches exigent des autres ce qu'ils n'ont pas fait eux-mêmes par le passé, mais il existe un écart certain entre le discours idéaliste sur la libéralisation du commerce et les réalités de sa mise en œuvre. Car au-delà

11. Dani RODRIK, « Globalization for whom ? », *loc. cit.*

même du problème de la rapidité des réformes pour les pays les plus pauvres, le libre-échange qui leur est imposé est sélectif : malgré les principes « libéraux » du consensus de Washington, la réalité du libre-échange exigé est clairement biaisée en faveur des pays riches. Ces derniers ont ainsi imposé une libéralisation des marchés qui leur sont les plus favorables. Comme l’a reconnu un texte publié par le FMI en novembre 2001 : « Les obstacles aux échanges qui persistent dans les pays industrialisés sont concentrés sur les produits agricoles et les produits à forte intensité de main-d’œuvre, pour lesquels les pays en développement sont comparativement avantagés. »

Mais le biais est encore plus profond qu’il n’y paraît : des trois grands marchés concernés, celui des biens, celui des capitaux et celui du travail, seuls les deux premiers font l’objet d’une politique active de libéralisation de la part des pays industrialisés et des instances internationales dans lesquelles leurs voix sont prépondérantes. Pourtant, du point de vue de la théorie libérale qui sert de fondement officiel à la doctrine du consensus de Washington, la libéralisation internationale du travail bénéficierait à tous et en premier lieu aux pays pauvres, puisque leurs travailleurs pourraient venir travailler et se former dans les pays riches. Si les politiques de libéralisation étaient réellement conçues dans l’optique d’aider les pays pauvres à se développer, comme cela est souvent affirmé, le marché du travail devrait donc figurer en bonne place dans l’agenda des réformes. Pourtant, alors que les pays développés demandent aux pays en développement d’ouvrir leurs marchés des biens et leurs marchés financiers, ils renforcent les mesures de fermeture de leur espace national pour les travailleurs originaires des pays pauvres (seuls les plus diplômés ou fortunés auront une chance d’y entrer).

Face à cette situation pour le moins paradoxale au vu de la théorie libérale, la réponse habituelle est que la libéralisation du marché du travail, à la différence de ceux des biens et des capitaux, s’oppose à la volonté de l’opinion publique. Il s’agit pourtant là d’un argument fallacieux, puisque les sondages montrent régulièrement que les citoyens des pays développés sont majoritairement rétifs aux politiques de libéralisation en général, et même qu'ils sont très souvent enclins au protectionnisme (en particulier aux États-Unis).

Les modalités concrètes de la libéralisation de l'économie mondiale ne découlent donc pas de la volonté populaire. Elles sont d'ailleurs le plus souvent élaborées en dehors de son contrôle direct, dans des traités internationaux ou dans des instances internationales au sein desquelles les positions des États ont rarement fait l'objet d'un débat au niveau national. Loin des citoyens, la *Realpolitik* internationale est clairement dictée par les intérêts nationaux et par ceux des grandes firmes : « Les firmes multinationales et financières ont réussi à fixer l'agenda des négociations multilatérales, car elles ont vite compris le lien entre un meilleur accès au marché à l'étranger et des profits accrus dans le pays d'origine [12]. »

En conclusion, il est clair que la libéralisation du commerce n'est pas la solution miracle pour les pays pauvres. Si l'ouverture leur sera sans doute bénéfique à terme, la façon dont elle leur est aujourd'hui imposée joue en leur défaveur. Plus que la mise en pratique d'une dangereuse utopie que serait le libéralisme, il faut sans doute voir dans le consensus de Washington une *Realpolitik* économique où les idées libérales cèdent souvent le pas aux intérêts très prosaïques des firmes multinationales du Nord.

---

12. *Ibid.*

9 “La globalisation financière permet d’améliorer l’affectation des capitaux dans le monde”

Pierre-Antoine Kremp

La formulation de cette idée reçue semble quelque peu sophistiquée. C’est sans doute pourquoi elle est très rarement explicitée, comme si la résonance technique d’une telle affirmation dispensait d’une quelconque tentative d’explication. Rien de surprenant à cela : les hypothèses sur lesquelles repose cette idée commune du bon sens libéral contemporain et les mécanismes censés la justifier ne résistent pas plus à l’analyse qu’aux faits.

La finance internationale parée de toutes les vertus

Tout d’abord, qu’entend-on par « affectation des capitaux » ? Le raisonnement est simple. À travers le monde, les économies nationales sont dans deux types de situations opposées : soit elles n’ont « pas assez » d’épargne, soit elles en ont « trop ». Dans le premier cas, les pays manquent de fonds pour financer leurs investissements. Cette insuffisance d’épargne peut résulter d’un déficit budgétaire (les impôts ne couvrent pas l’intégralité des dépenses de l’État) ou d’une balance commerciale déficitaire (les exportations sont inférieures aux importations). Ces économies ont donc besoin de faire appel à des capitaux étrangers pour combler leur insuffisance d’épargne intérieure. On dit alors qu’elles dégagent des

« besoins de financement » car elles vivent « au-dessus de leurs moyens ».

À l'inverse, certains pays peuvent disposer d'un excès d'épargne par rapport à leurs besoins en matière de financement d'investissements productifs. C'est le cas d'économies dont la balance commerciale et le solde budgétaire sont excédentaires. Dans ces pays vivant « en dessous de leurs moyens », l'excès d'épargne permet de dégager des « capacités de financement », c'est-à-dire des sommes disponibles pour financer des investissements à l'extérieur de leur territoire national. La circulation internationale des capitaux doit ainsi permettre de faire coïncider les capacités et les besoins de financement des différentes économies. En d'autres termes, les pays ayant besoin d'épargne pour financer leur économie peuvent se tourner vers les pays disposant d'excès d'épargne.

Des capitaux circulent ainsi entre les pays sous des formes variées : les flux peuvent être négociés directement par des acteurs économiques publics ou privés (prêts bancaires, investissements directs à l'étranger, aide au développement...) ou transiter par des marchés financiers (actions et obligations). Or, depuis le début des années 1980, on observe une montée constante des flux internationaux de capitaux sur ces marchés. Les transactions internationales sur les actions et les obligations françaises, qui représentaient 5 % du PIB en 1980, ont atteint 415 % en 1998 ; elles correspondent moins à des transactions sur des titres nouvellement émis (qui permettraient de financer des investissements productifs) qu'à des achats et des reventes sur un gigantesque « marché de l'occasion » des capitaux.

D'une économie d'endettement international où les banques étaient chargées de prêter des fonds à travers le monde, on est ainsi passé à une économie de finance internationale directe dans laquelle les marchés financiers sont chargés de diriger l'épargne excédentaire vers les pays en ayant besoin. Cette évolution des modes de financement de l'économie mondiale ne s'est pas faite de manière spontanée : elle a résulté des politiques de libéralisation des flux financiers et des marchés des capitaux mises en œuvre depuis la fin des années 1970, sous l'impulsion et la pression des pays développés.

Ces politiques se sont appuyées sur deux justifications idéologiques majeures, toutes deux fortement contestables. Tout d'abord, les mouvements de capitaux financiers sont censés permettre une *redistribution* de l'épargne à l'échelle mondiale. Ensuite, cette forme de financement de l'économie mondiale est présentée comme un moyen simple de distribuer *de manière optimale* les capitaux dans le monde. Les capitaux iraient en effet se placer là où les profits escomptés sont les plus élevés : l'épargne serait ainsi drainée vers les pays où les investissements créeraient le maximum de richesses nouvelles. Pourquoi les épargnants iraient-ils placer leur argent dans des investissements peu rentables alors qu'ils peuvent gagner plus en investissant ailleurs ?

Dès lors, la libéralisation financière, en encourageant le financement des investissements les plus productifs, est présentée comme un facteur de croissance et de développement des pays du Sud. En effet, l'ampleur des perspectives de croissance dans ces pays, comparées à celles des pays du Nord, plus « avancés », devrait pousser les capitaux du monde entier à s'y investir en priorité. C'est d'ailleurs cette idée qui anime les politiques du FMI et de la Banque mondiale à l'égard des pays pratiquant le contrôle des mouvements de capitaux : de telles réglementations nationales contraignantes sont accusées de freiner les investissements dans l'achat de nouveaux moyens de production. Dans la *doxa* libérale contemporaine, laisser les capitaux se déplacer librement par-delà les frontières des États permet de mieux distribuer l'épargne mondiale, tout en favorisant la croissance.

Une globalisation financière qui intéresse d'abord les pays riches

On peut s'étonner de voir ici évoquées dans le discours libéral pareilles considérations d'intérêt général, alors même que les politiques de libéralisation des marchés financiers et des mouvements de capitaux ont été guidées dès leurs origines par les intérêts des pays développés — et principalement ceux des États-Unis. La globalisation financière s'explique en effet moins par l'attention bienveillante des pays développés sur le niveau de la croissance mondiale et par leur conscience aiguë des problèmes de développement que par des raisons un peu plus triviales.

L'histoire commence avec l'abandon du régime dit « de changes fixes » en 1971 : les États-Unis, désireux de mener en toute indépendance leur politique économique sans avoir à défendre le cours du dollar, ont décidé de manière unilatérale de supprimer l'étalon-or, instauré lors de la conférence de Bretton Woods en 1944, laissant ainsi flotter les devises sur le marché des changes. Depuis, les cours des monnaies résultent simplement des fluctuations du marché des devises et ne sont plus garantis par les autorités monétaires nationales.

Après la suppression des changes fixes, les politiques de libéralisation de la finance mondiale ont ensuite consisté à lever progressivement toutes les barrières à la libre circulation des capitaux. Ces mesures de déréglementation ont permis de financer les *twin deficits* américains : le déficit budgétaire et surtout le déficit commercial.

Les États-Unis sont, depuis les années 1970 et tout particulièrement depuis le milieu des années 1990, dans une situation

GRAPHIQUE 1. — BALANCE DES PAIEMENTS (ÉTATS-UNIS, 1994-2001)

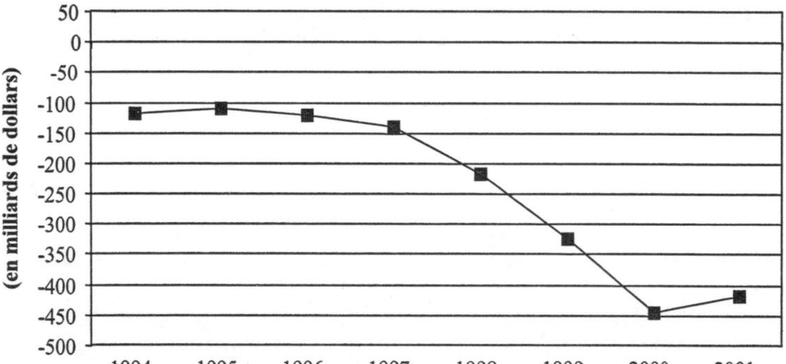

Source : FMI, *World Economic Report*, avril 2002, vol. 4, annexes, tableau 27, « Summary of payments balances on current account », p. 55.

chronique de besoin de financement et drainent la plus grande part de l'épargne mondiale pour régler leur insuffisance d'épargne intérieure [V, 20]. Le solde courant de la balance américaine des paiements, qui comptabilise l'ensemble des échanges de biens, de services et de revenus entre les États-Unis et le reste du monde, a ainsi atteint un déficit record de 444,7 milliards de dollars en 2000 (voir graphique 1).

Par ailleurs, contrairement aux arguments du FMI et de la Banque mondiale, la redistribution de l'épargne mondiale ne profite pas d'abord aux pays ayant besoin de financer leur développement : 86 % des flux internationaux de capitaux s'échangent entre les pays développés. La circulation internationale de l'épargne mondiale tend même plutôt à attirer l'épargne des pays pauvres vers les États-Unis (graphique 2).

GRAPHIQUE 2. — ÉPARGNE ET INVESTISSEMENT DANS LE MONDE (2001)

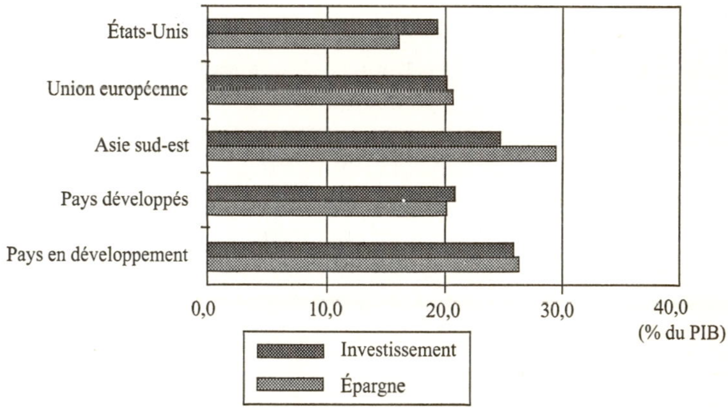

Source : FMI, *World Economic Report*, avril 2002, vol. 4, annexes, tableau 44, « Summary of sources and uses of world saving », p. 219 *sq*.

D'ailleurs, les pays du Sud ne devraient pas avoir besoin de recourir aux capitaux étrangers, puisqu'ils dégagent en moyenne des taux d'épargne *supérieurs* à leurs taux d'investissements. Les nouveaux pays industrialisés d'Asie du Sud-Est sont même créditeurs nets vis-à-vis du reste du monde : ils investissent moins dans leur économie qu'ils n'épargnent, en proportion de leur PIB, et peuvent donc prêter aux autres États. La rapide croissance enregistrée depuis le début des années 1980 dans ces pays a en effet été marquée par des niveaux d'épargne élevés, et non par des entrées nettes de capitaux étrangers : entre 1988 et 1995, bien avant la fuite des capitaux consécutive à la crise asiatique, ces pays disposaient déjà en moyenne d'une épargne excédentaire équivalente à 3 % de leur richesse nationale.

À l'inverse, les États-Unis ont besoin des capitaux internationaux pour financer leur économie en raison d'un taux d'épargne particulièrement faible. Bref, pendant que la Thaïlande épargne, l'Amérique consomme : l'affectation des capitaux ne paraît pas si « optimale » dans le monde de la finance dérégulée.

Les risques de la finance internationale

L'épargne mondiale est massivement drainée vers les États-Unis, et les pays du Sud semblent avoir du mal à attirer des flux nets de capitaux pour financer leur développement. Si, comme le dit le proverbe, « on ne prête qu'aux riches », on voit mal comment la libre circulation des capitaux pourrait mener à une distribution optimale de l'épargne à travers le monde.

Une réponse classique des économistes du FMI et de la Banque mondiale consiste à dire que l'environnement économique des pays en développement est en moyenne beaucoup plus instable que celui des pays riches : les placements y sont donc plus risqués, ce qui suffit à expliquer leurs difficultés de financement. Cela est conforme avec la théorie économique la plus répandue, selon laquelle les marchés des capitaux dirigent les capitaux vers les investissements les moins risqués, pour un taux de rentabilité donné. Pourquoi l'épargnant irait-il placer ses économies dans des placements incertains sur lesquels il anticipe un rendement de 5 % par an à Madagascar, alors que les bons du Trésor américains lui assurent les mêmes intérêts sans le moindre risque ? Les politiques de globalisation financière sont ainsi accompagnées de recommandations perpétuelles des organismes internationaux aux pays en développement : améliorez la « transparence » de vos financements et l'« information » sur vos économies, les investisseurs seront rassurés et vous verrez les capitaux affluer !

On peut tout d'abord être surpris devant la frilosité d'un discours dont les ardents défenseurs rejoignent souvent les apôtres de la « prise de risque » et de la « liberté d'entreprendre » pour inviter les États à « libérer les énergies créatrices » contraintes par des réglementations nationales excessives. La figure conquérante de l'entrepreneur que rien n'effraie constitue bel et bien un lieu commun de l'histoire du capitalisme racontée aux enfants. Les investissements dans les pays du Sud seraient-ils à ce point risqués que même notre entrepreneur mythifié y regarderait à deux fois avant d'y placer ses économies ? En réalité, le capitalisme a constamment créé au cours de son histoire des moyens de réduire les risques économiques, en les mutualisant, en les diversifiant ou en les échangeant (les compagnies d'assurance, les banques, les marchés à terme peuvent assurer ces fonctions).

L'argument du « risque pays » (c'est-à-dire le risque d'aller investir dans tel pays plutôt que dans tel autre) paraît donc pour le moins douteux. Car le risque relève en effet moins de données objectivement mesurables que d'estimations approximatives et instables sur lesquelles s'accorde provisoirement la communauté des analystes financiers. Fin 2002, l'action Vivendi Universal s'est révélée avoir été un placement beaucoup plus risqué que les bons du Trésor polonais ; on aurait pourtant pu lire des appréciations contraires dans la presse économique à l'heure du boom de la « nouvelle économie ». Dans une économie mondiale aussi incertaine, une chose reste sûre : les risques financiers, si souvent invoqués pour expliquer l'exclusion des pays en voie de développement des flux internationaux de capitaux nets, ne tombent pas du ciel. L'instabilité chronique des économies du Sud provient en grande partie de la dérégulation des mouvements de capitaux. Elle n'est pas tant la cause des difficultés éprouvées par ces pays à attirer des capitaux que la conséquence de la libéralisation financière entreprise sous la pression des institutions internationales et des puissances occidentales.

Les pays d'Asie du Sud-Est en fournissent un exemple particulièrement frappant. En 1998, l'éclatement brutal de la bulle spéculative a conduit à des retraits de capitaux massifs et à des dévaluations importantes appauvrissant les populations des pays concernés. L'augmentation continuelle des cours des actions sur les marchés financiers récemment dérégulés a été nourrie par des mouvements de capitaux en provenance des pays développés, alors même que ces pays dégageaient suffisamment d'épargne pour se financer eux-mêmes : la myopie des investisseurs intéressés par des plus-values rapides, assortie du caractère moutonnier des marchés financiers, s'est finalement traduite par un apport de capitaux supérieur à ce que le rythme de la croissance économique nécessitait.

L'épargne internationale placée dans ces pays a donc entretenu un mouvement purement spéculatif : l'économie financière (représentée par les cours de la Bourse) s'est rapidement déconnectée de l'économie réelle (les profits et la croissance de la production). Mais les conséquences des crises financières sont, elles, bien réelles : dévaluation et renchérissement du coût des importations, montée du chômage… L'expérience de pays qui, confrontés à des situations d'éclatement de bulles spéculatives, ont rétabli temporairement le contrôle des mouvements de capitaux, comme la Malaisie, le Chili et la Colombie, montre que les effets sur l'économie réelle y ont été moins graves et moins durables.

Devant cette situation, les économistes libéraux plaident non coupables : l'instabilité de la finance mondiale dont les pays d'Asie du Sud-Est ont connu les conséquences dramatiques ne serait pas due à l'excès de marché mais à son insuffisance. Pour ces économistes, si des bulles spéculatives se forment, c'est parce que l'information circule mal, parce que les investisseurs ne connaissent pas la vérité sur l'économie et sur les actifs qu'ils achètent et vendent… Bref, on les aurait trompés sur la marchandise ! Un peu de bon sens suffit pourtant à comprendre qu'un marché d'actions dont la valeur double ou triple dans l'année alors que l'économie croît à un taux de 5 % à 10 % (grand maximum) est manifestement surévalué. L'instabilité des marchés financiers provient non de leurs éventuelles « imperfections » (manque de transparence, de liquidité...), mais des comportements des investisseurs eux-mêmes qui créent ces bulles spéculatives [1].

Les arguments en faveur de la libéralisation des mouvements de capitaux sont donc bien minces. À l'évidence, les marchés financiers internationaux n'affectent pas les capitaux de manière efficace. L'épargne mondiale est d'abord attirée vers les pays riches — en grande partie pour soutenir la surconsommation américaine. Et quand les flux de capitaux se dirigent vers les pays en développement, les économies concernées sont alors soumises aux aléas de la finance mondiale et doivent faire face à une nouvelle source d'instabilité économique.

---

1. Voir sur ce point André ORLEAN, *Le Pouvoir de la finance*, Odile Jacob, Paris, 1999.

III

L'impératif de flexibilité du marché du travail

10 “Les charges sociales sont l’ennemi de l’emploi”

Sébastien Chauvin

« [Les statistiques du chômage sont mauvaises]. Voilà qui va donner du grain à moudre au gouvernement pour mener une politique incitative de l’emploi *via* une baisse des charges et de l’impôt sur les sociétés. »

Journal de 9 heures de France Inter, 30 août 2002.

« Les baisses de charges constituent la clé de voûte de notre stratégie. Ce n’est pas de l’idéologie, mais tout simplement “ça marche”, ça crée des emplois. Et c’est pour ça qu’il faut le faire. On n’a pas trouvé ça dans un petit livre rouge, dans un petit livre bleu. On a trouvé ça dans les résultats de l’INSEE. C’est là où il y a de la création d’emplois, c’est pour ça qu’il faut alléger les charges. »

Jean-Pierre RAFFARIN,
discours de politique générale au Parlement, 3 juillet 2002.

« Il existe un gros paquet de chômage structurel en France, notamment de chômage des non-qualifiés. On a fait un gros effort depuis dix ans pour diminuer les charges sur l’emploi non qualifié, et il faut aller au bout de ce processus. »

Christian DE BOISSIEU (économiste), Europe 1, 30 août 2002.

L’idée que les cotisations sociales sont la cause principale du chômage de masse, et que la lutte contre celui-ci passe nécessairement par leur baisse, fait l’objet d’un consensus politico-médiatique qui dépasse de loin le seul bon sens patronal. Les charges sociales renchériraient inutilement le coût du travail et empêcheraient les employeurs de bonne volonté d'embaucher des travailleurs qui seraient pourtant « employables » si les charges n'existaient pas.

L'abaissement des cotisations serait ainsi un moyen magique de réduire le coût du travail sans diminuer le revenu disponible des salariés, évitant de déclencher des conflits sociaux économiquement coûteux. Or, malgré son imposante évidence, cette idée mobilise des fondements empiriques très fragiles. Plus, la propagation de cette idée profite du flou du débat public autour de la question, où l'on présente comme un pur problème technique ce qui relève d'un choix de société sur la nature de la protection sociale et de son financement.

De quoi parle-t-on ? Éclaircir le débat

Tout d'abord, il n'est pas neutre que soient présentés comme des *charges* des versements qui sont en réalité des *cotisations* versées par les employeurs (mais aussi par les salariés) aux organismes de protection sociale, qui les reversent à leur tour aux salariés sous forme de prestations (allocations familiales, allocations chômage, pensions de retraite, etc. [IV, 16]).

Ne parler que de *charges* qui *pèseraient* sur le travail et *écraseraient* notamment les petites entreprises revient à s'inscrire d'emblée dans une logique partielle et partiale, qui n'envisage les cotisations qu'à travers leur coût pour le patronat. Or, ces cotisations sont également — et surtout — un revenu pour les salariés. Elles correspondent à un salaire indirect, c'est-à-dire à cette partie du salaire des travailleurs qui est *socialisée* : elle fait l'objet d'une dépense collective déterminée par une délibération politique au moins potentiellement démocratique. Exonérer les employeurs de leurs cotisations sociales revient donc à amputer les salariés d'une part de leur salaire. La mesure s'appuie en fait, comme beaucoup d'autres, sur le présupposé théorique qui voudrait que, dans une économie capitaliste, le chômage de masse soit nécessairement dû à un coût du travail excessif[1].

1. Laurent CORDONNIER, *Pas de pitié pour les gueux. Sur les théories économiques du chômage*, Liber-Raisons d'agir, Paris, 2000.

Or, en France, cette obsession du *coût du travail* et cette focalisation des politiques d'aide à l'emploi sur la réduction des cotisations sociales sont récentes. Durant les Trente Glorieuses (1945-1973), on considérait l'emploi comme principalement déterminé par la demande globale et les débouchés anticipés par les employeurs. Les salaires, eux, faisaient l'objet d'un compromis politique : en échange de l'acceptation par les travailleurs et leurs syndicats d'une dépossession du contrôle de l'activité économique et de l'organisation du travail dans les entreprises, les gains de productivité étaient affectés à la hausse des salaires. Cela permettait une augmentation régulière du niveau de vie et de la consommation, qui constituait le moteur de la croissance. Le ralentissement des années 1970 s'est accompagné d'une contre-révolution théorique, au cours de laquelle s'est peu à peu diffusée la thèse selon laquelle l'emploi dépend prioritairement de la rentabilité des entreprises. Une nouvelle vision du marché du travail s'est imposée, dans laquelle l'existence de « rigidités » et les coûts salariaux « excessifs » de « ceux dont la productivité est la plus faible » sont vus comme les problèmes majeurs [III, 11].

Du côté des politiques publiques, une première rupture est intervenue en 1983, lorsque le gouvernement de gauche a décidé de mettre fin à l'indexation des salaires sur l'inflation et les gains de productivité. Cette décision fut la première d'une longue série qui a nourri la baisse régulière de la part des salaires dans le partage de la richesse nationale : elle chutera de près de huit points en vingt ans [II, 6]. À partir de 1986, le gouvernement de Jacques Chirac prend des mesures ciblées d'exonération de cotisations patronales sur certains groupes de salariés considérés comme prioritaires, comme les chômeurs de longue durée ou les jeunes. Au total, ces « emplois aidés » comptaient en 2002 pour 6 milliards d'euros dans les dépenses publiques [2]. Enfin, les années 1990 voient se généraliser des politiques de réduction générale des cotisations employeurs sur les bas salaires.

---

2. Michel Husson, « Baisses des charges et création d'emplois », *Regards sur l'actualité*, La Documentation française, Paris, n° 284, septembre-octobre 2002.

Ces mesures sont la plupart du temps *inconditionnelles* : n'impliquant aucune contrepartie en terme d'embauches, elles sont de purs cadeaux aux employeurs. Dans la majorité des cas, les exonérations sont compensées partiellement ou intégralement par des versements de l'État au budget de la Sécurité sociale. Le complément est « financé » par le creusement du déficit du régime général ou du moins, puisque l'existence même de ce déficit peut prêter à discussion [3], par un manque à gagner qui représente autant de prestations non fournies à la population. Ainsi, par exemple, les exonérations décidées en 1995 ont été financées par une hausse de la TVA (impôt le plus injuste [IV, 16]), passée de 18,6 % à 21,6 %.

L'idée que la baisse des charges est une mesure gratuite relève donc du mythe intéressé : cette mesure prônée par les libéraux est en fait assimilable à une *subvention publique au patronat*. Son coût est très important : une étude de la DARES [4], l'organisme statistique du ministère de l'Emploi et de la Solidarité, estime ainsi que les 40 milliards de francs (environ 6 milliards d'euros) dépensés jusqu'en 1999 en allégements de cotisations sociales ont permis la création totale de 170 000 emplois, ce qui représente un coût de 35 800 euros (235 000 francs) par emploi créé. À ce prix, l'État aurait pu les embaucher lui-même !

Charges sociales et emploi des non-qualifiés

Presque personne n'affirme que le coût du travail moyen est trop élevé en France. En réalité, « les coûts salariaux français sont désormais inférieurs aux coûts américains et très proches des coûts anglais [5] ». Et il n'y a aucun lien, au niveau international, entre le coût moyen du travail dans un pays et son taux de chômage. En revanche, il existe un consensus relatif sur l'idée que le surchômage des non-qualifiés, bien

---

3. Bernard Friot, « L'imposture gestionnaire du "trou de la Sécu" », *in Et la cotisation sociale créera l'emploi*, La Dispute, Paris, 1998, p. 28-33.

4. Frédéric Lerais, « Une croissance plus riche en emplois », DARES, *Premières Informations et premières synthèses*, février 2001.

5. *Alternatives économiques*, n° 201, mars 2002.

réel, serait dû au fait que le niveau de leur salaire de référence (celui à partir duquel ils acceptent de travailler) se situerait aujourd'hui au-dessus de ce que les économistes appellent leur productivité « marginale » : la production de richesse supplémentaire que permet l'embauche d'un salarié non qualifié serait insuffisante en regard de ce qu'elle coûte à une entreprise.

Laurent Cordonnier donne un exemple concret pour montrer le caractère très irréaliste de cette hypothèse [6]. Pourquoi le patron de Renault n'embauche-t-il pas un salarié non qualifié supplémentaire ? Si l'on suit le raisonnement de la théorie économique dominante, la raison en serait que la productivité de ce salarié est inférieure à son salaire légal, c'est-à-dire aux 14 600 euros annuels que coûte le Smic à cet employeur. Or, ces 14 600 euros n'atteignent même pas le prix d'*une* Laguna (duquel il faut encore, bien sûr, soustraire les coûts des pièces détachées), alors que la production moyenne d'un salarié de chez Renault approche *seize* automobiles par an. Accepter l'hypothèse classique reviendrait donc à supposer une chute brutale de productivité, chute tellement brutale qu'elle en devient absurde. N'est-ce pas plutôt l'absence de demande pour écouler une production supplémentaire qui rend de nouvelles embauches inutiles ?

De la même façon, insister sur les charges sociales comme « pression insupportable » pour les petites entreprises du commerce et de l'artisanat revient à oublier que la pression sur l'emploi et les coûts des petites et moyennes entreprises (PME) provient surtout, dans le commerce, de la concurrence exacerbée des grandes surfaces, mais aussi, dans le reste de l'industrie, de la pression sur les prix exercée par les entreprises dont elles sont les sous-traitantes. En effet, 50 % des PME s'inscrivent dans un réseau de sous-traitance avec donneur d'ordre unique, chiffre qui tend à faire éclater le « mythe des PME [7] ».

Enfin, on notera que les libéraux font souvent de deux poids deux mesures, lorsqu'il s'agit de rendre compte de la

---

6. Laurent CORDONNIER, *Pas de pitié pour les gueux*, *op. cit.*, p. 57.

7. Frédéric BOCCARA, « Emploi : mythe des PME et réalité des groupes », *Économie et Statistique*, n° 319, 1998.

« pression » financière exercée sur la gestion des entreprises. Cette pression est présentée comme « naturelle » lorsqu'elle est le produit de la « concurrence », c'est-à-dire en fait des stratégies de *dumping* de la grande distribution ou des exigences de rentabilité des actionnaires [I, 3] : Jacques Chirac n'expliquait-il pas, lors de la fermeture de l'usine Renault de Vilvorde en 1997, que les entreprises sont comme les arbres, qu'elles naissent, grandissent et meurent ?

Au contraire, elle est « artificielle » lorsqu'elle est la conséquence des progrès du salaire moyen et de sa socialisation, c'est-à-dire de sa répartition sur l'ensemble des salariés : bizarrement, on n'entend pas les libéraux expliquer que les entreprises incapables d'offrir une protection sociale décente à leurs salariés ont fait leur temps et qu'elles doivent disparaître ou être rachetées par des entreprises plus productives...

Un raisonnement et des fondements empiriques contestables

Ces mesures d'exonération de cotisations sociales sur les bas salaires veulent développer l'emploi total grâce à la hausse du nombre d'emplois peu qualifiés, qui viendraient remplacer les emplois plus qualifiés, mais moins nombreux. Comme l'exprime bien l'économiste Thomas Piketty, « entre une entreprise qui emploie un salarié payé dix fois le Smic et celle qui emploie cinq salariés à deux fois le Smic, il vaut quand même mieux alléger un peu plus les charges pour la seconde [8] ». En encourageant le recours au travail non qualifié et peu rémunéré, on permettrait donc d'« enrichir la croissance en emplois ».

Cette idée peut être contestée pour deux raisons. D'abord, comme l'expliquent Dominique Goux et Éric Maurin, « le déclin de la part des salariés faiblement diplômés dans l'emploi s'explique en France en premier lieu par le manque de dynamisme de la demande nationale s'adressant aux

8. Débat entre Thomas Piketty et Jean-Christophe Le Duigou : « L'emploi, à quel prix ? », *Alternatives économiques*, n° 169, avril 1999, p. 48-52.

secteurs d'activité où ils sont proportionnellement nombreux [9] », et non par le coût du travail dans ces secteurs [III, 12]. Pascale Turquet, quant à elle, montre que les emplois non qualifiés ne sont pas nécessairement occupés par des salariés non qualifiés. En réalité, en période de chômage de masse, un effet « file d'attente » engendre le *déclassement à l'embauche* de la part des salariés qualifiés, qui viennent se porter candidats aux postes non qualifiés, venant alimenter l'offre de travail dans ce secteur et donc détériorer le pouvoir de négociation et les salaires de tous [10].

Loin que le chômage des non-qualifiés soit dû à des prétentions salariales trop élevées, cette catégorie est en fait victime d'une « double peine [11] » : elle subit en effet *à la fois* le surchômage et la modération salariale, le premier étant une des causes principales de la seconde. En outre, par le biais des exonérations de cotisations sur les « non qualifiés », beaucoup d'employeurs bénéficient d'un *effet d'aubaine*, en recevant des subventions pour des embauches de salariés mal payés, qu'ils auraient effectuées de toute façon. Plus généralement, la baisse aveugle des charges sur les bas salaires risque d'engendrer des « trappes à bas salaires » dans lesquels les employeurs sont encouragés à sous-rémunérer des emplois et des salariés qui ne sont pas nécessairement non qualifiés [III, 13].

Quant à la question des évaluations empiriques des effets des baisses des charges sur l'emploi total, on mentionnera que plusieurs économistes ont souligné la faiblesse des travaux censés avoir conclu sans ambiguïté à l'efficacité des baisses de charges. Une étude de l'INSEE [12], qui a fait grand bruit en 2001, prétendait ainsi évaluer à 460 000 le nombre des créations d'emplois consécutives aux baisses de charges

---

9. Dominique GOUX et Éric MAURIN, « Le déclin de la demande de travail non qualifié », *Revue économique*, vol. 48, n° 5, septembre 1997, p. 1091-1114.

10. Pascale TURQUET, « Les allégements de cotisations sociales dans le cadre des politiques publiques d'emploi françaises : quels objectifs et quelles conséquences ? », *Travail et Emploi*, n° 90, avril 2002.

11. Laurent CORDONNIER, *Pas de pitié pour les gueux*, *op. cit.*

12. Bruno CRÉPON et Rozenn DESPLATZ, « Une nouvelle évaluation des effets des allégements de charges sociales sur les bas salaires », *Économie et Statistique*, n° 348, 2001.

entre 1994 et 1997. Or cette étude ne se fondait nullement sur une mesure des emplois créés à l'échelle nationale : elle se « contentait » d'extrapoler à l'économie tout entière un mécanisme de compétitivité prix qui ne fonctionne pourtant qu'au niveau microéconomique, c'est-à-dire à condition que les salariés dont on baisse le salaire indirect ne soient pas également des consommateurs des produits de l'entreprise, et que les entreprises concurrentes ne bénéficient pas de la même mesure [13].

On notera enfin le caractère étrange de ce volontarisme des instituts de recherche dans leur quête d'effets significatifs des baisses de charges sur l'emploi total, en dépit de la pauvreté des résultats obtenus, quand on constate que l'INSEE ne publie pas de travaux évaluant les effets sur l'emploi d'une mesure aussi importante que la réduction du temps de travail (RTT). Des travaux qui affirment *a priori* que la RTT n'a pas créé d'emplois, car elle aurait fait *augmenter* le coût du travail, attribuent dans le même temps les créations d'emplois exceptionnelles des années 1997-2001 à un effet retardé des baisses des charges, qui auraient, elles, fait *baisser* ce même coût du travail ! Monter ou baisser, il faudrait donc choisir, et il est dommage que les évaluations comparatives *ex post* de l'efficacité des deux mesures (qui ont également des implications politiques opposées) restent pour le moment très rares [14].

Derrière les détails techniques, un choix de société

Comme on l'a vu, les « baisses de charges » s'inscrivent dans une tentative générale de *fiscalisation de la protection sociale* : en 2001, déjà 27 % des recettes du régime général de la Sécurité sociale consistaient soit en contributions publiques directes (4 %), soit en impôts affectés comme la

13. Pour une critique détaillée de cette étude, lire Henri STERDYNIAK, « Une arme miracle contre le chômage ? », *Revue de l'OFCE*, avril 2002 ; et Michel HUSSON, « L'INSEE dans la campagne », *Libération*, 19 mars 2002.

14. Michel HUSSON, « Réduction du temps de travail et emploi : une nouvelle évaluation », *La Revue de l'IRES*, n° 38, 2002.

CSG (contribution sociale généralisée). Ce qui est en jeu dans ces réformes, c'est avant tout le transfert de la solidarité nationale du salaire vers le budget de l'État, et donc le passage d'une logique collective de *salaire socialisé* à une simple logique d'*assistance* vis-à-vis des franges de salariés qui n'ont pas accès aux revenus du capitalisme patrimonial, par la détention de produits financiers.

Pour certains économistes, ce changement dans le mode de financement de la protection sociale aurait beaucoup d'avantages : il permettrait notamment, tout en diminuant le coût du travail à la source, d'asseoir les cotisations non sur l'emploi de façon indiscriminée, mais sur la valeur ajoutée de l'entreprise, c'est-à-dire sur les bénéfices effectivement réalisés. En substance, mieux vaudrait baisser le salaire indirect pour faciliter l'embauche des travailleurs les moins « employables », et organiser *dans un second temps* la solidarité sous forme d'une politique de redistribution fiscale.

À l'inverse, les critiques de ces mesures font d'abord remarquer que la « valeur ajoutée » des entreprises peut facilement faire l'objet de manipulations comptables qui la rendent incertaine, et que son évolution n'est pas forcément plus dynamique sur le long terme que la masse salariale prise dans son ensemble. De plus, l'introduction d'une progressivité des charges sociales (élevées pour les qualifiés, elles seraient dégressives jusqu'au Smic) tendrait à favoriser une *dualisation* du marché du travail, stigmatisant les salariés « aidés » et « non contributeurs », opposés aux salariés les mieux payés, seuls contributeurs finalement à la solidarité collective. Logiquement, cette évolution conduit à inviter les salariés « intégrés » à quitter la logique salariale et la solidarité collective pour celle de l'épargne individuelle, à travers la multiplication des projets de fonds de pension et d'épargne salariale.

Pour Bernard Friot, ces mesures entérinent la baisse de la part de la richesse créée qui est distribuée sous forme de salaire. Si elles étaient généralisées, elles briseraient finalement le potentiel politique de démocratie sociale inscrit dans la socialisation du salaire par le système des cotisations sociales depuis cinquante ans. Enfin, beaucoup font remarquer le caractère régressif d'une politique qui cherche à orienter l'activité économique vers les entreprises les moins productives offrant le plus de bas salaires, au détriment d'activités plus innovantes. Les mêmes craignent qu'une telle politique donne naissance à une « société de serviteurs » dans laquelle la préférence donnée à la création d'emplois non qualifiés sur l'élévation générale des qualifications se paie d'une multiplication de « petits boulots » aliénants.

On voit que le débat autour de la fiscalisation de la protection sociale, véritable enjeu des baisses de cotisations patronales, n'est pas clos. Et il est crucial que les implications politiques et sociales des réformes envisagées ne soient pas oubliées « au profit d'une discussion d'experts portant sur les dernières avancées techniques dans le domaine de l'économie formalisée [15] ».

15. Pascale TURQUET, « Les allégements de cotisations sociales... », *loc. cit.*

11 “Le chômage trouve sa source dans l’excès de protections contre le chômage”

Ioana Marinescu

« En fait, le taux de chômage augmente avec les indemnités de licenciement. […] Par exemple, en France, 59 % [de la hausse du chômage entre 1956 et 1984] peut être expliquée par des changements dans les indemnités de licenciement. »

E. P. LAZEAR, « Job security provisions and employment », *Quarterly Journal of Economics*, août 1990.

« Les entreprises et les salariés américains semblent avoir davantage bénéficié des avancées récentes dans la technologie de l’information que leurs homologues en Europe ou au Japon. […] Les marchés du travail de ces économies, relativement peu flexibles, et donc plus coûteux, semblent constituer une part significative de l’explication. […] Parce que nos coûts de licenciement sont plus faibles, les coûts potentiels de l’embauche et les risques associés avec l’augmentation de l’emploi sont moindres. Le résultat […] a été […] un déclin spectaculaire du taux de chômage américain dans les années récentes. »

Alan GREENSPAN,
président de la Réserve fédérale américaine, 11 juillet 2000.

« Une réglementation excessive du marché du travail pourrait entraver la nécessaire restructuration économique de certains secteurs, et nous menace d’un retour aux marchés du travail européens sclérosés, qui ont fait l’expérience du chômage de masse à la fin des années 1980 et au début des années 1990. […] Des marchés du travail modernes, flexibles, nécessitent une nouvelle approche de la réglementation de l’emploi par le droit du travail (*i.e.* moins de règles impératives, une réglementation plus souple reposant sur l’étude des meilleurs pratiques) […]. »

Silvio BERLUSCONI et Tony BLAIR, « Towards Barcelona : labour market reform », déclaration commune en vue du Conseil européen de Barcelone, 15 février 2002.

Du milieu des années 1970 à la fin des années 1990, les pays européens ont connu une phase de croissance lente qui s'est accompagnée d'un chômage élevé. Cette situation a incité les commentateurs à parler d'« eurosclérose » pour désigner la faible performance et le manque de « flexibilité » des marchés du travail du Vieux Continent. La critique du modèle européen a en effet pour pendant l'éloge de la « machine à emplois » américaine, qui aurait fonctionné à plein pendant la « révolution technologique » des années 1990 [III, 12 ; V, 20].

Cependant, la flexibilité du marché du travail est un concept flou. On peut ainsi en distinguer quatre formes : la flexibilité horaire, la flexibilité des salaires, la flexibilité des contrats de travail et, enfin, la flexibilité fonctionnelle qui suppose qu'un seul salarié puisse accomplir plusieurs tâches différentes. Ici, nous nous intéressons essentiellement à la flexibilité des contrats de travail, à savoir la possibilité pour l'entreprise de se séparer de son salarié à peu de frais. La protection de l'emploi, qui va à l'encontre de ce type de flexibilité en augmentant les coûts de la séparation, est couramment accusée d'être cause de chômage : les coûts de licenciement, censés protéger du chômage, contribueraient en fait à l'accroître, parce qu'ils décourageraient les entreprises d'embaucher. Il faudrait donc que les pays européens suivent le modèle américain et renoncent à la réglementation « rigide » de la rupture du contrat de travail. C'est pourquoi la Commission européenne recommande aux États membres d'envisager l'introduction dans leur droit du travail de contrats « adaptables [1] », du type contrat à durée déterminée.

Or ce type de recommandation repose sur des bases peu solides. En théorie comme en pratique, les effets de la protection de l'emploi sur le chômage sont loin d'être clairs. Cela

1. « Lignes directrices pour la politique de l'emploi des États membres en 1998 », document adopté par la Commission européenne suite au sommet sur l'emploi de Luxembourg (20-21 novembre 1997), troisième point. (On peut facilement trouver ce document sur Internet. Pour l'ensemble des « documents clés » sur la politique européenne de l'emploi, se reporter à l'adresse : europa.eu.int/comm/dgs/employment_social/key_fr-htm).

n'a pourtant pas empêché les politiques publiques d'encourager et de justifier le développement de contrats de travail « flexibles », à coûts de licenciement réduits. On s'interrogera donc sur les liens entre cette plus ou moins grande « flexibilité » et ce que certains théoriciens ont appelé le « dualisme » du marché du travail.

Protection de l'emploi : éviter les licenciements ou empêcher l'embauche ?

La protection de l'emploi a, en théorie, deux effets : un négatif et un positif. Il est vrai qu'elle peut dissuader l'embauche : un employeur qui envisage d'embaucher un salarié peut hésiter en pensant que si, dans le futur, les conditions économiques se détérioraient, ou si, pour une raison ou une autre, le salarié ne convenait plus, il aurait à subir certains coûts, essentiellement sous la forme du préavis et des indemnités de licenciement. Mais, d'un autre côté, ces coûts dissuadent évidemment les licenciements, et donc favorisent l'emploi. En fait, pour déterminer si les dispositifs de protection sont ou non favorables à l'emploi, il faut comparer les deux effets en considérant un cycle économique entier, croissance et crise. Car, en principe, la protection de l'emploi tend à diminuer les embauches en période de croissance et à limiter les licenciements en cas de crise. D'où un effet final ambigu sur l'emploi moyen.

La résultante de ces deux effets dépend notamment de l'incertitude qui pèse sur les décisions des entreprises. Si, par exemple, l'employeur s'attend à une bonne conjoncture pour une période relativement longue, il sera plutôt enclin à embaucher. La date d'un éventuel licenciement étant alors lointaine et inconnue, la question des coûts des licenciements devient moins importante. Au contraire, en période de récession, la protection de l'emploi peut avoir des effets favorables sur la croissance, en limitant les licenciements : comme un salarié licencié consomme moins, plus il y a de licenciements, plus la demande globale baisse et plus les entreprises sont amenées à faire des anticipations pessimistes et donc à licencier. Un tel cercle vicieux augmente la durée de la crise, alors que la protection de l'emploi peut permettre de la réduire.

Contrairement à l'idée reçue, la théorie indique donc que la protection de l'emploi peut tout à fait avoir des effets positifs dans la lutte contre le chômage. Sur le plan empirique, la même constatation s'impose.

Depuis le début des années 1990, l'OCDE publie un ensemble d'indices de la « législation pour la protection de l'emploi » (LPE), fréquemment utilisés pour juger du degré de flexibilité des marchés nationaux du travail (voir encadré). Loin d'être parfaits — ils sont trop généraux et ne tiennent pas compte du contexte propre à chaque pays (par exemple, ils ne prennent pas en considération la manière dont la LPE est effectivement appliquée par les juges) —, nous les utiliserons dans la suite de la discussion, faute de mieux.

Le calcul de l'indice de la législation pour la protection de l'emploi de l'OCDE, version 1999

Cet indice est calculé comme une moyenne pondérée de trois sous-indices concernant les contrats de travail réguliers, les contrats de travail temporaires et les licenciements collectifs. Plus l'indice est élevé, plus la protection de l'emploi est dite « stricte ». Les éléments pris en compte sont les suivants :

— pour les contrats de travail réguliers : les inconvénients de la procédure de licenciement, la durée du préavis de licenciement et le montant des indemnités de licenciement pour des licenciements sans faute, la difficulté du licenciement (définition plus ou moins stricte du licenciement injuste, possibilité de réintégration, etc.) ;

— pour les contrats de travail temporaires : la réglementation des contrats à durée déterminée (nombre maximum de contrats successifs possibles, etc.), la réglementation des agences d'intérim ;

— pour les licenciements collectifs : la définition des licenciements collectifs, les préavis de licenciement supplémentaires par rapport aux cas de licenciements individuels, les délais supplémentaires, les autres coûts spécifiques pour les employeurs.

De nombreuses études ont essayé de faire le lien entre les indices de LPE ainsi calculés et le chômage. Les résultats en sont généralement assez ambigus, mais la plupart concluent à une absence d'effet des dispositifs de protection de l'emploi, ainsi mesurés, sur le chômage. Les débats ont pourtant été vifs et, en 1994, l'OCDE recommandait aux États membres de réduire la protection légale de l'emploi [2].

Pourtant, en 1999, la même OCDE [3] démontait, statistiques à l'appui, l'idée qu'il existe un lien simple entre LPE et chômage ou emploi. Ainsi, selon l'OCDE, il n'y a aucun rapport entre le taux de chômage (en moyenne sur les années 1990-1997) et la sévérité de la LPE. Certes, si l'on considère d'une part des pays comme la France et l'Espagne et, d'autre part, le Royaume-Uni et les États-Unis, il semble qu'il y ait un lien entre protection de l'emploi « stricte » et chômage : le premier groupe de pays se caractérise à la fois par une LPE stricte et un taux de chômage élevé, tandis que le second connaît une LPE faible et un taux de chômage plus faible. Mais la simple concomitance d'une forte protection de l'emploi et d'un fort chômage ne permet aucunement d'en déduire que c'est la protection qui serait à l'origine du chômage en France ou en Espagne. On ne peut en effet déduire de la simultanéité de deux phénomènes (protection faible et chômage faible, par exemple) un lien de *causalité* entre eux.

D'autant plus que, si l'on s'intéresse à d'autres pays, on observe que la relation ne tient plus : pour un taux de chômage donné, on peut avoir des niveaux de LPE très différents, et inversement. Par exemple, le Canada a un taux de chômage à peine inférieur à celui de la France, « malgré » une protection de l'emploi plus de deux fois moins stricte (l'indice LPE du Canada est de 1,1, contre 2,8 pour la France). Inversement, la Grèce affiche un taux de chômage quasiment identique à celui du Canada, avec un indice de protection de l'emploi (3,5) trois fois plus élevé !

Au total, si l'on essaie d'établir une relation entre la valeur de l'indice de protection de l'emploi et le taux de chômage, on constate que la droite ainsi obtenue est quasiment horizontale.

---

2. OCDE, *Perspectives de l'emploi*, Paris, 1994.
3. OCDE, *Perspectives de l'emploi*, Paris, 1999.

Concrètement, cela signifie que *des pays peuvent connaître le même taux de chômage avec des niveaux de protection de l'emploi très différents*. C'est ce qu'illustre bien le cas des États-Unis, des Pays-Bas et du Portugal, dont le taux de chômage est très proche (environ 6 %), alors que leurs niveaux de protection de l'emploi varient de 0,6 pour les États-Unis à 3,7 pour le Portugal, soit environ six fois plus ! Certains pays ont donc des performances en termes de taux de chômage comparables ou meilleures que celle des États-Unis, mais avec une LPE beaucoup plus élevée.

On doit donc se demander si la relation entre niveau de LPE et taux de chômage ne relève pas d'une analyse plus complexe. L'étude précitée de l'OCDE s'y est essayée, en utilisant des modèles statistiques plus complexes, sans résultats probants. Pourtant, malgré ces incertitudes, beaucoup de pays européens, dont la France, ont entrepris d'atténuer la rigueur de la protection de l'emploi en créant ou en facilitant le développement de formes d'emploi flexibles, comme le contrat à durée déterminée ou le travail intérimaire.

Cela était à la rigueur excusable avant que ces résultats ne soient connus. Mais comment expliquer qu'en 2002 le Conseil européen de Barcelone réitère dans ses conclusions l'invitation faite à chaque État membre de l'UE d'examiner l'« opportunité d'introduire dans sa législation des types de contrat plus adaptables [4] » ? Comment expliquer une telle insistance alors qu'un sondage [5] commandé par la Commission européenne elle-même montre que 72 % des travailleurs temporaires européens n'ont pas choisi ce statut, et qu'une majorité d'Européens (57 %) sont opposés à ce que la législation encourage le travail à durée déterminée ?

---

4. Document accessible à partir de l'adresse : http://ue.eu.int
5. COMMISSION EUROPÉENNE, *Flash Eurobarometer 120*, « Flexible Employment », mars 2002.

Le CDD : la (mauvaise) solution au problème de flexibilité de l'emploi ?

Ainsi, la croyance en l'existence de l'eurosclérose a conduit à mener des politiques dont on se demande aujourd'hui si elles ne conduisent pas à un « dualisme » du marché du travail. La thèse du dualisme du marché du travail est en effet plus subtile, puisqu'elle ne s'intéresse pas au niveau global de chômage, mais aux effets différenciés du chômage dans l'ensemble de la population active.

Selon cette thèse, un chômeur ou un travailleur temporaire a d'autant moins de chances d'accéder à un contrat à durée indéterminée (CDI) que la législation protégeant ce type de contrat est stricte. Si une partie de la population serait ainsi protégée, l'autre serait plus mal lotie, du fait même de cette législation. L'inégalité entre les « protégés » et les « exclus » tendrait ainsi à croître, la protection dans l'emploi étant la cause de l'exclusion durable de ceux qui n'en bénéficient pas. Empiriquement, on constate en effet que, dans les pays où la LPE est stricte, la durée du chômage est plus élevée qu'ailleurs [6]. D'un autre côté, lorsque la LPE est stricte, on enregistre également une ancienneté plus importante dans l'emploi [7].

Dans la plupart des pays européens, la part de l'emploi temporaire dans le total des emplois a crû considérablement depuis le début des années 1980 : pour l'ensemble de l'Union européenne, de 10,2 % en 1983 à 14,5 % en 2000 pour les femmes ; et de 6,8 % à 12,5 % pour les hommes. Le travail temporaire touche essentiellement les jeunes de moins de trente ans (surtout en France) et les femmes davantage que les hommes : en 2000, il concernait 26 % des femmes et 23,6 % des hommes de vingt à vingt-neuf ans (contre respectivement 6,3 % et 5,7 % de celles et ceux de cinquante à soixante-quatre ans [8]).

6. OCDE, *Perspectives de l'emploi*, Paris, 1999.
7. *Ibid.*
8. *Source* : Enquête emploi de l'Union européenne.

Prenant acte de la spécificité de la situation française, l'étude d'Olivier Blanchard et Augustin Landier[9] sur les jeunes travailleurs en France tend à montrer que l'introduction des CDD dans les années 1980 a augmenté le nombre de changements d'emploi qu'ils doivent affronter, sans pour autant diminuer le chômage des jeunes. De plus, les personnes en CDD gagnent entre 20 % et 30 % de moins que les personnes en CDI, et ce à compétences identiques ; la différence s'est d'ailleurs nettement accrue depuis le début des années 1980, où le manque à gagner n'était que d'environ 12 %. Ainsi, selon les auteurs, les jeunes se trouvent plus mal lotis du fait de l'introduction de ce système dualiste : CDD d'un côté et CDI protégé de l'autre.

L'effet négatif du travail temporaire est confirmé par le chapitre consacré à ce sujet dans les *Perspectives de l'emploi* publiées par l'OCDE en 2002. En effet, au niveau de l'OCDE, les travailleurs temporaires sont moins bien payés, et ils ont parfois moins accès aux congés payés, aux congés maladie et à l'assurance chômage que les autres. De plus, ils sont plus nombreux à se dire insatisfaits de leur travail et à effectuer des tâches monotones.

Protection de l'emploi et qualité de l'emploi

Ainsi, lutter contre les effets supposés négatifs de la protection de l'emploi en favorisant le travail temporaire non protégé semble être plutôt contre-productif. Certaines études montrent d'ailleurs que la protection légale de l'emploi, loin d'être un obstacle au bien-être des jeunes travailleurs peu qualifiés, améliore au contraire la qualité des emplois qu'ils occupent.

Le raisonnement théorique sous-tendant ce phénomène est au demeurant simple : la protection de l'emploi favorise des

---

9. Olivier BLANCHARD et Augustin LANDIER, « The perverse effects of partial labour market reform : fixed duration contracts in France », document de travail, mars 2001. Les données utilisées proviennent de l'Enquête emploi de l'INSEE.

relations d'emploi plus longues et rend donc plus rentable pour les entreprises la formation, ce que les économistes appellent l'investissement dans le « capital humain ». Ainsi, Markus Gangl [10] montre, en comparant les situations de différents pays d'Europe, qu'une LPE rigoureuse contribue à réduire les inégalités sur le marché du travail, car elle profite avant tout aux moins qualifiés : la protection améliore la qualité des emplois occupés par les moins diplômés d'environ 10 %, alors que, parallèlement, elle détériore légèrement la qualité des emplois occupés par les diplômés du troisième cycle universitaire. Cela s'explique par le fait que seuls les plus diplômés profitent de la mobilité permise par les marchés du travail les plus flexibles.

En résumé, rien ne prouve que les politiques de protection de l'emploi soient la cause du chômage en Europe. Cette croyance a pourtant servi à légitimer une politique encourageant les contrats de travail flexibles, avec des conséquences plutôt défavorables pour les travailleurs. Dans le cas français, les politiques de flexibilité ont amené une augmentation spectaculaire du travail temporaire, sans amélioration significative de la situation des salariés concernés sur le marché de l'emploi. Dès lors, l'insistance du Mouvement des entreprises de France (Medef), dans son projet de « refondation » sociale [11], sur la nécessité de l'introduction de nouveaux contrats plus flexibles, comme le « contrat à durée maximum » ou le « contrat de mission », ne peut guère s'expliquer par le souci de cette organisation patronale d'améliorer la situation de l'emploi.

---

10. Markus GANGL, « The only way is up ? Employment protection and job mobility among recent entrants to European labour markets », document de travail du Mannheimer Zentrum für Europäische Sozialforschung, n° 48, 2002, accessible à cette adresse : <http://www.uni-mannheim.de/i3v/00068900/17651191.htm>. Ce document utilise les données de l'Enquête emploi de l'Union européenne.

11. MEDEF, groupe de travail « Précarité, nouveaux contrats », Position des entrepreneurs, 28 mars 2000.

12 “Il faut développer les petits emplois de service à faible productivité, comme les Américains”

Jean Gadrey

« L’économie nord-américaine se caractérise par une croissance très riche en emplois, dans la mesure où les gains de productivité sont particulièrement faibles. »

La Tribune, 3 juillet 2001.

« Dans le régime fordiste, la technologie, coûteuse, augmentait la productivité du travail dans l’industrie : les machines-outils permettaient à chacun de produire et de gagner davantage. Aujourd’hui, c’est exactement l’inverse. Le capital est davantage productif, grâce aux technologies de l’information, [...] alors que le salarié, lui, a vu sa productivité ralentir, parce que les tâches de services ne sont pas mécanisables. En conséquence, dès que la demande augmente, l’emploi redémarre. »

Michel AGLIETTA, entretien à *L’Expansion*, n° 589, 21 janvier 1999.

Les débats français sur l’emploi ont souvent mis l’accent sur la capacité particulière de l’économie américaine à créer des emplois. Comme la quasi-totalité de cette création massive concerne, depuis les années 1980, le secteur des services, les économistes ont trouvé une explication simple. Cette explication est la suivante : si l’économie américaine crée des emplois de services aux ménages (on cite essentiellement le commerce de détail et la restauration) à un rythme nettement plus élevé qu'en France, c'est que les gains de productivité du travail sont plus faibles dans les services américains. Il faudrait peut-être s'en inspirer en France, où le « productivisme » nuirait à l'emploi. Il faudrait donc envisager un autre compromis, fondé sur des mesures incitant à créer des « petits emplois de service à faible productivité ». Comment ? Par la baisse du coût du travail dans ces activités, selon un raisonnement classique où, sur le marché du travail, quand le prix baisse, l'emploi progresse. Comme peu d'économistes français estiment que le Smic est trop élevé, c'est la baisse des charges patronales que l'on met en avant [III, 10].

Nous allons voir que ce raisonnement peut être contesté sur trois plans. Première critique : il n'est pas vrai que la productivité dans ces activités est plus faible aux États-Unis. Il s'agit typiquement d'un « artefact » statistique (une déficience des concepts et des méthodes de mesure). Deuxième critique : toute une série de facteurs économiques, sociaux et culturels interviennent dans le « compromis salarial » américain et expliquent sa « machine à emplois » très spécifique. Troisième critique : si l'on tentait de transposer en France ce qui rend cette « machine à emplois » plutôt efficace (quantitativement), on aboutirait à une régression sociale sans précédent, au regard des normes de justice de la société française.

La productivité des services n'est pas moins élevée aux États-Unis qu'en France

Ceux qui associent faiblesse de la productivité et création d'emplois ne font pas toujours une distinction, pourtant nécessaire, entre les comparaisons de niveaux de productivité (à un moment donné) et les gains de productivité (entre deux moments). En deux mots, un niveau de productivité (du travail) plus élevé signifie qu'avec la même quantité de travail on parvient à produire une quantité plus importante de biens ou de services. Ainsi, dans les services aux ménages et dans le commerce, les niveaux français de productivité seraient supérieurs à ceux des Américains, et c'est pour cela que le niveau d'emploi dans ces secteurs serait plus élevé aux

États-Unis, qu'on le rapporte à la population totale ou à la population active.

Les gains de productivité (progression des niveaux entre deux périodes) interviennent, quant à eux, lorsqu'on s'intéresse au rythme de création d'emplois. Ainsi, il est souvent admis que si, dans les secteurs en question, les créations d'emploi sont importantes dans un pays et faibles dans l'autre, c'est que les gains de productivité sont faibles dans le premier pays et forts dans le second.

Ces raisonnements font l'impasse sur deux questions décisives. D'une part, celle de la demande (et si, pour des raisons diverses, un Américain moyen consommait nettement plus de ces services qu'un Français ?) et, d'autre part, celle de la nature et de la qualité des services (et si les statistiques de productivité n'en tenaient pas compte, alors que l'emploi en dépend de façon centrale ?).

Nous reviendrons sur la première de ces deux impasses (la demande) en étudiant le cas de l'hôtellerie-restauration. Concentrons-nous sur la seconde, sur la base de l'exemple, souvent cité, du commerce de détail qui, avec la restauration, est un énorme pourvoyeur d'emplois aux États-Unis, beaucoup plus qu'en France en proportion de l'emploi total. Prenons le plus gros des sous-secteurs du commerce de détail, celui du commerce alimentaire. Si l'on s'en tient aux chiffres officiels américains, le diagnostic est sans appel : les gains de productivité du travail dans ce secteur n'ont pas cessé d'être négatifs depuis près de trente ans (rythme annuel moyen de – 0,8 %). La France, en revanche, a connu des gains très honorables sur la même période (2 % à 3 % par an en moyenne). Mais, dans le même temps, l'emploi dans ce secteur a vivement progressé aux États-Unis (2,5 % à 3 % par an) et très peu en France (0,5 % à 1 %). La démonstration semble faite : c'est bien parce qu'ils ont sacrifié la productivité que les Américains ont créé des millions d'emplois dans ce secteur, et c'est parce que les Français l'ont privilégiée que l'emploi commercial a relativement peu progressé. Ces derniers ont apparemment « préféré » une croissance « pauvre en emplois », mais plus « productiviste ».

Mais, au fait — question qui n'est jamais posée par ceux qui empruntent le raisonnement précédent —, comment mesure-t-on la productivité et les gains de productivité dans cette activité ancestrale ? Peut-on faire confiance à ces chiffres qui conditionnent toute la démonstration ? La réponse est claire : non, et il n'est pas nécessaire d'avoir fait des études d'économie pour comprendre pourquoi. En effet, dans tous les pays, les statistiques nationales évaluent les gains de productivité dans le commerce à partir du « volume » de biens vendus par heure de travail. Avec cette convention, la productivité du travail progresse dans le commerce quand on vend plus de biens par heure de travail, elle régresse sinon.

Pourquoi cette convention est-elle fautive ? Parce que si, dans un pays donné, le commerce de détail suit une trajectoire d'« enrichissement en services » pour un même volume de biens vendus, alors la « pseudo-productivité » mesurée par la méthode précédente décline mécaniquement. C'est exactement ce qui s'est passé aux États-Unis, où les enquêtes annuelles montrent que, depuis trente ans, on a assisté à un développement continu de multiples caractéristiques de « services autour de la vente » : services (et donc personnels) d'accueil, de conseil, de sécurité, d'assistance matérielle aux clients, de plats préparés en magasin, de livraison à domicile, assortiments se diversifiant, horaires d'ouverture et services après-vente étendus, entre autres. Les salariés américains du commerce ne sont pas devenus moins productifs dans l'exécution des mêmes tâches (la « vraie » productivité), bien au contraire. Le commerce de détail américain a recruté massivement des salariés non pas en raison d'un déclin de la productivité mais en raison de son enrichissement en services, un enrichissement bien plus important que celui de son homologue français (qui s'y est mis de façon plus tardive). C'est pour cela que l'on trouve, aux États-Unis, plus de salariés dans les magasins, toutes choses égales par ailleurs en matière de quantité de biens vendus. Cela n'a rien à voir avec la productivité. Bien d'autres secteurs de l'économie sont concernés par cette incapacité des mesures de productivité à intégrer l'enrichissement de la croissance en services [1].

---

1. Pour d'autres exemples, voir Jean GADREY, *Services, la productivité en question*, *op. cit.*

Création d'emplois et baisse des charges sociales

Peut-on créer comme aux États-Unis des centaines de milliers d'emplois dans l'hôtellerie-restauration, en baissant fortement les charges sociales ? Cette idée a été popularisée en 1997 par Thomas Piketty, dans une note de la Fondation Saint-Simon qui a fait grand bruit[2]. Son étude concernait à la fois le commerce de détail et l'hôtellerie-restauration (HR), les deux secteurs où, selon l'auteur, la France aurait le « déficit d'emplois » le plus énorme par rapport aux États-Unis.

L'écart semble en effet gigantesque : il y a aux États-Unis environ 2,5 fois plus d'emplois HR par habitant qu'en France. Si nous avions en France le même ratio d'emplois HR par habitant, cela nous ferait plus d'un million d'emplois supplémentaires ! L'essentiel de cet écart vient de la restauration. Évidemment, cela fait rêver. Comment cela est-il possible[3] ?

Première relativisation. Il faut rectifier le périmètre du secteur pour comparer des activités comparables. Il y a en France, beaucoup plus qu'aux États-Unis, des « cantines » qui ne font pas partie du secteur des restaurants lorsqu'elles ne sont pas sous-traitées à des entreprises de restauration collective. Il en a donc été tenu compte, ce qui réduit l'écart, qui passe de 2,5 à 2,1 environ. C'est toujours énorme.

Seconde relativisation. La durée annuelle moyenne du travail dans le secteur HR est nettement inférieure aux États-Unis, d'environ 15 % à 16 %, notamment parce qu'il y a beaucoup plus de contrats à temps très court. Si l'on tient compte de ce second phénomène et que l'on raisonne en heures travaillées dans le secteur HR par habitant, l'écart diminue encore. Il est de l'ordre de 1,8 à 1,9. C'est encore considérable. Comment l'expliquer ? Il faut pour cela distinguer les « variables réelles » et les « variables monétaires ».

---

2. Thomas PIKETTY, « Les créations d'emplois en France et aux États-Unis, "services de proximité" contre "petits boulots" ? », *Notes de la Fondation Saint-Simon*, décembre 1997.

3. Je m'appuie sur une recherche effectuée par Florence JANY-CATRICE, *in* Jean GADREY (dir.), *Hôtellerie-restauration : héberger et restaurer l'emploi*, La Documentation française, Paris, 2002.

Commençons par les premières. La principale concerne le niveau de vie.

Le niveau de vie moyen est, aux États-Unis, supérieur d'environ 30 % au niveau de vie français, toutes catégories de dépenses confondues. Dans ce pays riche, la consommation de services d'hôtellerie et de restauration, qui est une variable sensible au niveau de vie, est environ 75 % à 80 % supérieure à ce qu'elle est en France. Diverses raisons interviennent, au-delà de cette sensibilité (« élasticité ») au niveau de vie : le taux d'activité de la population et notamment des femmes, une culture peu favorable au *food at home* (alimentation au foyer) et très orientée vers le *food away from home* (alimentation hors du foyer), qui représente environ la moitié des dépenses alimentaires aux États-Unis, contre moins de 30 % en France.

Ce résultat est essentiel parce qu'il prouve que, s'il est vrai qu'il y a 80 % à 90 % d'heures de travail HR en plus par habitant aux États-Unis, il n'y a en réalité que 10 % à 20 % d'heures de travail en plus pour un même volume de services de restauration et d'hôtellerie. L'effet « niveau et mode de vie » est considérable dans ce secteur plus que dans tout autre, et si l'on raisonne pour un même niveau de consommation, le déficit français en heures de travail n'est plus énorme : 10 % à 20 % comme ordre de grandeur. C'est une autre façon d'évaluer le déficit, et elle semble bien plus pertinente, en tout cas pour les questions qui se posent aujourd'hui en France.

Dans la seconde étape de l'analyse, sur le plan des variables monétaires, la question est : comment financent-ils aux États-Unis ces heures de travail plus nombreuses pour un même volume de repas et de nuits d'hôtels ? Est-ce que cela tient à des coûts du travail relativement inférieurs ? Est-ce le consommateur qui paie relativement plus cher, avec en contrepartie un service de meilleure qualité ? Les résultats sont les suivants :

— la restauration américaine détient dans ce pays les records de bas et de très bas salaires, à la fois horaires et mensuels, avec une proportion non négligeable de personnes (12 %), en particulier de jeunes, payés sous le salaire minimum fédéral. Par rapport à la France, le salaire horaire moyen brut dans le secteur HR est inférieur d'environ 12 %. L'écart est plus important pour la seule restauration ;

— par ailleurs, les cotisations patronales dans ce secteur représentent 15 % à 16 % du coût du travail aux États-Unis contre 27 % environ en France. Mais la contrepartie est un niveau de protection sociale nettement supérieur en France en matière de santé, retraite et chômage [IV, 14].

En résumé, le financement d'heures de travail plus nombreuses aux États-Unis pour un même volume de services s'explique essentiellement par des salaires inférieurs et des charges patronales inférieures (mais avec une protection sociale elle-même inférieure), à peu près pour moitié du fait des salaires inférieurs et pour moitié du fait des charges inférieures.

Les aspects sociaux de la comparaison : de l'économie à la socioéconomie

La dernière question qu'il faut se poser est la suivante : comment les Américains parviennent-ils à obtenir un coût du travail aussi bas dans ce secteur ? On quitte alors l'analyse économique pour une approche socioéconomique.

Le principal élément est le suivant : le système d'emploi américain de l'hôtellerie est très largement fondé sur une main-d'œuvre jeune (44 % des actifs de la restauration américaine ont moins de vingt-cinq ans, contre 18 % en France ; et 25 % des actifs américains de ce secteur ont moins de vingt ans). Ce recours massif à une main-d'œuvre jeune s'explique (en comparaison avec la France) par divers facteurs, dont certains sont culturels, mais dont d'autres sont plus économiques, notamment le coût élevé des études. En France, 10 % des 15-19 ans travaillent ; aux États-Unis, ce chiffre est de 50 % [4].

Parmi ces jeunes Américains qui travaillent, certains sont non scolarisés, une des raisons étant que le système éducatif américain produit des sorties prématurées du système scolaire.

---

4. Chiffres de 1994. *Source* : OCDE, *Perspectives de l'emploi*, Paris, juin 1996.

Ils constituent alors une main-d'œuvre fortement sous-qualifiée qui se dirige massivement vers le commerce de détail et l'hôtellerie-restauration. Une autre partie, un peu plus de la moitié des 16-25 ans, est scolarisée, et la majorité d'entre eux travaille, essentiellement pour financer des études très chères (60 % des étudiants des facultés travaillent). Le coût d'une année d'études dans une grande université américaine, comme Princeton, frais d'inscription et hébergement compris, se situe entre 28 000 et 30 000 dollars par an. Dans une université moins prestigieuse, cela reste de l'ordre de 20 000 à 25 000 dollars.

Or ces jeunes Américains (étudiants ou non) sont particulièrement mal payés. Selon l'OCDE[5], c'est aux États-Unis que les écarts de salaires entre adultes et jeunes sont les plus importants, et le salaire réel de ces catégories a baissé nettement depuis 1968. On peut légalement les payer, s'ils ont moins de vingt ans, en dessous du salaire minimum, et il y a de multiples façons, même s'ils ont plus de vingt ans, de contourner ce minimum, notamment en utilisant habilement le système des pourboires ou *tips*, très répandu. Le tout dans un contexte d'absence à peu près totale de contre-pouvoir syndical.

Cette situation a deux conséquences :

— le taux de *turnover* est énorme et les emplois de l'hôtellerie-restauration sont principalement des jobs de passage, nettement plus qu'en France (un quinzième des premiers jobs aux États-Unis se font dans la seule entreprise McDonald's, avec un taux de *turnover* estimé à... 400 % par an) ;

— la seconde conséquence est un dualisme salarial considérable, en particulier dans ces secteurs de services : plus d'un quart des *working poors* (travailleurs vivant en dessous du seuil de pauvreté) américains sont employés dans le commerce de détail et l'hôtellerie-restauration.

Si l'on envisage l'hypothèse d'une transposition à la France du modèle américain d'emploi dans le secteur HR, il faut donc se poser les questions suivantes :

— puisque c'est d'abord la consommation finale de ces services qui fait la différence en matière d'emploi, peut-on la

5. *Ibid.*, p. 151.

favoriser et comment ? On peut ici penser à la réduction du taux de TVA dans la restauration traditionnelle : ce taux est actuellement (en 2002) de 19,6 %, et les restaurateurs, non sans quelques bons arguments, revendiquent son passage à 5,5 % (taux en vigueur dans l'hôtellerie et dans la restauration « à emporter ») ;

— s'il est question de réduire le coût du travail pour favoriser l'embauche, est-ce efficace en France, à quel coût public, et comment éviter la progression du dualisme et des inégalités salariales ainsi que des inégalités de protection sociale qui caractérisent le modèle américain et qui sont l'autre face de son coût du travail très faible dans ce type de services ?

POUVOIR D'ACHAT DU SALAIRE MINIMUM HORAIRE FÉDÉRAL, 1960-2001 (EN DOLLARS DE 1999)

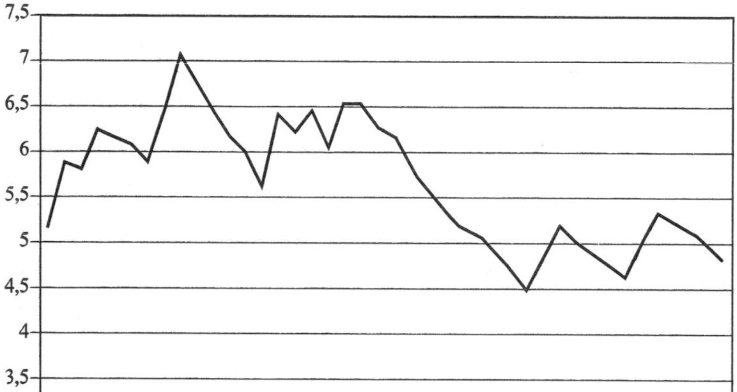

Source : *Historical Values of the U.S. Minimum Wage 1960-2001*, Economic Policy Institute, Washington, site www.epinet.org. D'autres données et analyses sont disponibles gratuitement sur ce site (un site indispensable à ceux qui s'intéressent au rapport salarial américain).

Plus généralement, au-delà des cas du commerce et de l'hôtellerie-restauration, aucune invocation de la « job machine » américaine à des fins d'importation en Europe ne devrait faire abstraction du graphique spectaculaire ci-dessus, sur l'évolution à long terme du pouvoir d'achat du salaire minimum horaire fédéral, qui reste la principale norme de référence pour les bas salaires. On comprend mieux pourquoi le nombre des « salariés pauvres » a fortement progressé depuis 1980 dans ce pays, et pourquoi toute importation n'est pas bonne à prendre, à moins de se résoudre à importer une pauvreté endémique [V, 20].

13 “Les minima sociaux sont source de « désincitation » au travail”

Hélène Zajdela

« L’exclusion du marché du travail des personnes à faible qualification peut avoir plusieurs origines. [...] Une [possibilité] est que les pertes qu’elles encourent à prendre un emploi, en quittant le filet de protection sociale, soient si élevées que participer au marché du travail n’en vaille pas la peine. »

Guy LAROQUE et Bernard SALANIÉ,
« Une décomposition du non-emploi en France »,
Économie et Statistique, n° 331, 2000, p. 48.

« Aucune réflexion sur le sous-emploi ne peut ignorer que si, en dix ans, le RMI a fait beaucoup pour atténuer la misère, il a aussi créé des trappes à inactivité dont l’existence est maintenant bien documentée. »

Jean PISANI-FERRY, *Plein-emploi*, Rapport du CAE,
La Documentation française, Paris, 2000, p. 128.

Depuis la fin des années 1990, la question des liens entre protection sociale et emploi occupe une place croissante dans les débats sur le chômage [1]. Avec la création de la « prime pour l’emploi » en 2001, la France a mis pour la première fois en œuvre une politique visant explicitement à encourager les personnes les moins qualifiées à prendre un emploi ; alors que, depuis le milieu des années 1980, les politiques publiques, au premier rang desquelles la baisse des charges

1. Voir « Les politiques de valorisation du travail », numéro spécial de la *Revue économique de l’OCDE*, n° 31, 2000.

sociales sur les bas salaires, intervenaient essentiellement sur la demande de travail non qualifié par les entreprises [III, 10].

Ainsi, le débat s'est récemment focalisé sur l'offre de travail des salariés [2], et en particulier sur ce que les économistes appellent les risques de « désincitation » à la reprise d'activité que pourraient provoquer les minima sociaux. Cette idée s'est déclinée à travers divers concepts de « trappe » — à chômage, inactivité ou encore pauvreté. L'idée est assez simple : les titulaires de minima sociaux, du RMI (revenu minimum d'insertion) en particulier, n'ont intérêt à accepter un emploi que s'il leur permet d'augmenter leurs revenus. Or, le RMI étant une allocation calculée par différence entre un plafond garanti (qui varie en fonction de la situation familiale) et les ressources du ménage, les revenus du travail perçus en cas de reprise d'emploi sont déduits du montant de l'allocation. De plus, en prenant un emploi, l'allocataire perd également des prestations associées à son statut (actions sociales locales, majoration du montant de l'allocation dès le premier enfant, dettes suspendues...). Certains emplois ne présentent donc pas une rémunération suffisante pour que celui qui les accepte y trouve un gain financier. Il risque alors de tomber dans une « trappe », en ce sens qu'il n'a aucune incitation financière à sortir du statut d'assisté. Autrement dit, il est « désincité » à rechercher un emploi.

Ce raisonnement, apparemment de bon sens, repose implicitement sur la théorie économique habituelle de l'offre de travail. Mais les comportements effectifs des allocataires du RMI semblent infirmer les prédictions de l'approche en termes de « trappe ». Pourquoi alors mettre en place des mesures d'impôt négatif ?

Le risque de désincitation existe bien... en théorie

Le phénomène de trappe s'appuie implicitement sur l'approche économique traditionnelle de l'offre de travail qui

2. La théorie économique dominante considère en effet que les chômeurs (les « demandeurs d'emploi ») offrent leur travail, qui est demandé par les entreprises (les « offreurs d'emplois »).

considère le travail comme un bien ne procurant qu'une satisfaction indirecte. Les individus trouvent le travail pénible et n'en retirent aucune satisfaction — les économistes parlent de « désutilité » du travail. S'ils renoncent au loisir qui, lui, les satisfait, ce n'est que parce que travailler leur permet d'acquérir un revenu, donnant accès à un autre plaisir : la consommation. L'offre de travail se réduit donc à un choix (les économistes parlent d'« arbitrage ») entre la consommation et le loisir, et la décision de travailler résulterait finalement d'un calcul coût/avantage.

C'est pourquoi les analyses en terme de trappe s'appuient sur la comparaison des revenus en emploi et en non-emploi. La zone de trappe est, pour un allocataire du RMI souhaitant reprendre un emploi, la tranche de rémunération où les gains monétaires nets procurés par la reprise d'activité sont négatifs ou nuls. Il est habituel d'évaluer cette zone à partir de l'étude de cas types : on calcule le revenu disponible auquel pourrait accéder un ménage qui vit avec le RMI (selon diverses configurations familiales) en lui attribuant un revenu mensuel du travail arbitraire (un Smic ou un demi-Smic), et on le compare à la situation financière du ménage lorsqu'il bénéficie du RMI. Bien que le RMI ne soit de manière temporaire que progressivement diminué de ce qu'ils gagnent au travail [3], les allocataires n'ont effectivement aucun gain financier à prendre un emploi à mi-temps rémunéré au Smic, et un gain faible si l'emploi est à plein temps. Si les individus se comportaient selon le modèle présenté plus haut, le risque de désincitation à l'activité serait donc avéré pour les allocataires du RMI.

Il est toutefois étonnant que la théorie de l'offre de travail ne soit sollicitée que pour mettre en avant les risques de trappe à chômage pour les bénéficiaires de minima sociaux. En effet, nous savons, à l'inverse, que nombreux sont les salariés n'ayant jamais été allocataires du RMI et qui perçoivent néanmoins un revenu du travail les situant dans la « zone théorique » de trappe à chômage. Si l'on craint que les allocataires

---

3. Grâce à un mécanisme dit « d'intéressement », qui permet aux allocataires du RMI qui retrouvent un emploi de cumuler une partie de leur salaire avec l'allocation du RMI pendant un an.

du RMI tombent dans une trappe à chômage parce qu'ils n'ont aucune incitation financière à accepter des emplois, l'on devrait également s'inquiéter du risque que les travailleurs à bas salaire, qui pourraient ne pas y perdre financièrement, voire y gagner, renoncent à leur emploi afin de bénéficier du RMI. Une analyse sur cas types pourrait aisément montrer que, selon les configurations familiales, certains y gagneraient et devraient tomber dans une « trappe à RMI ». Pourtant, bien que la montée du nombre de travailleurs pauvres (personnes vivant sous le seuil de pauvreté, bien que titulaires d'un emploi) n'ait pas été suivie d'une augmentation du nombre d'allocataires du RMI, on continue à penser que les allocataires du RMI, eux, sont concernés par la trappe à chômage.

Il y a longtemps eu hésitation sur la nature de la trappe à prendre en compte et les termes de trappe à inactivité, trappe à chômage, trappe à non-emploi, ou encore trappe à pauvreté ont été utilisés indifféremment. Ce choix n'est pas neutre, puisque, selon la terminologie choisie, on ne prend pas en compte la même population : au sens statistique, le chômage, partie intégrante de la population active, est distinct de l'inactivité[4] ; le non-emploi au contraire englobe ces deux catégories. Si la distinction entre chômage et inactivité est claire au niveau statistique (au moins dans sa définition, même si elle est délicate dans sa mesure), il existe une confusion au niveau théorique entre chômage volontaire et inactivité, puisque les deux situations s'appuient sur le même choix délibéré des individus qui comparent gains à travailler et à ne pas travailler.

Cela explique l'usage indifférent des termes de trappe à chômage et de trappe à inactivité, et ainsi l'usage plus englobant de celui de trappe à non-emploi. En ce qui concerne les allocataires de minima sociaux, on ne devrait parler exclusivement que du risque de trappe à chômage. En effet, même s'il existe des inactifs parmi les allocataires du RMI, ce sont essentiellement des inactifs involontaires, empêchés de

4. Les chômeurs sont en effet des actifs, mais ils sont inoccupés. Les inactifs sont ceux qui ne souhaitent pas ou ne peuvent pas travailler : étudiants, retraités, etc.

travailler pour des raisons de santé ou d'âge [5]. Ils ne peuvent sortir du dispositif par l'emploi ; ils en sortiront pour accéder à d'autres allocations (allocation adulte handicapé, minimum vieillesse...). Cette population, qui constitue à peu près un quart des allocataires, ne peut être concernée par le risque de désincitation à travailler.

Les trappes ne fonctionnent pas pour les allocataires du RMI

L'enquête sur le devenir des bénéficiaires du RMI, effectuée par l'INSEE entre septembre 1997 et septembre 1998, fournit de nombreuses informations concernant aussi bien les allocataires restés chômeurs que ceux qui ont repris un emploi. Elle permet donc d'évaluer la pertinence empirique de l'analyse en terme de trappe à chômage [6].

Cette étude montre que les chômeurs allocataires recherchent un emploi aussi activement que les autres chômeurs et que l'ancienneté dans le dispositif diminue peu l'intensité de la recherche. Pourtant, ces efforts sont très peu récompensés : la moitié d'entre eux ne sont pas convoqués aux entretiens d'embauche et, s'ils le sont, leurs entretiens ne débouchent que très rarement sur une embauche [7]. On constate en outre que seulement 10 % des allocataires au chômage déclarent avoir refusé un emploi offert, et les raisons financières ne constituent que très rarement la cause du refus (seulement 12,8 % des motifs invoqués). Si les allocataires restent au chômage, ce n'est donc pas parce qu'ils ne recherchent pas d'emploi ; ce n'est pas non plus parce qu'ils refusent des offres, et encore moins pour des raisons financières. C'est tout simplement qu'ils se heurtent massivement à l'absence

5. Voir Cédric AFSA, « État de santé et insertion professionnelle des bénéficiaires du RMI », DREES, *Études et Résultats*, n° 7, février 1999.

6. Pour une analyse plus détaillée des enseignements de l'enquête sur ce point, voir Danièle GUILLEMOT, Patrick PÉTOUR et Hélène ZAJDELA, « Trappe à chômage ou trappe à pauvreté : quel est le sort des allocataires du RMI ? », *Revue économique*, n° 6, 2002.

7. INSEE (en collaboration avec CNAF, CSERC, DARES, DIRMI, DREES), *Enquête RMI, janvier 1998*, septembre 1998.

d'offres d'emploi adaptées à leurs compétences et à l'échec de leurs démarches.

Cela n'est pas étonnant : peu qualifiés et très éloignés du marché du travail pour la plupart, ils constituent le public le plus durement touché par la pénurie d'emplois. Ainsi, s'ils sont coincés dans une trappe à chômage, elle provient d'une absence de demande de travail de la part des entreprises. Parmi ceux qui sont toujours dans le dispositif, il existe également des allocataires (à peu près 8 %) qui travaillent à temps partiel, sans aucune mesure d'intéressement [8]. Ils n'ont *pourtant aucun intérêt financier à travailler*, puisque tout euro gagné par leur travail est déduit de leur allocation.

Par ailleurs, un tiers des allocataires sortent au bout de six mois du dispositif (dont 60 % parce qu'ils ont pris un emploi). Un tiers des emplois sont des CES (contrat emploi-solidarité), la moitié, des emplois à temps partiel, et les salaires horaires sont concentrés autour du Smic. À partir de l'analyse des rémunérations, on constate notamment que, parmi les anciens allocataires qui ont accepté un emploi, environ un tiers l'a fait *bien que la rémunération associée se situe dans la zone théorique des trappes*. Les autres y échappent durablement grâce à un salaire un peu plus élevé, ou provisoirement grâce à l'intéressement.

Cette proportion est confirmée par la perception qu'ont les anciens allocataires qui travaillent de leur situation financière : un tiers déclarent ne voir aucune amélioration financière depuis la reprise d'emploi et, parmi eux, 12 % constatent même une *dégradation* [9]. Le comportement de ces individus infirme donc l'analyse en terme de trappe qui se contente de comparer les revenus courants. Mais il n'infirme pas nécessairement l'approche économique de l'offre de travail : la théorie prévoit que des individus rationnels peuvent accepter un emploi sans gain immédiat s'il leur apporte des perspectives d'amélioration de leur situation financière à moyen et long terme.

---

8. Soit parce que la période d'intéressement est achevée, soit parce qu'ils occupaient déjà leur emploi avant d'entrer au RMI.

9. INSEE, *Enquête RMI, janvier 1998, loc. cit.*

Pourtant, il semble que si raisonnement intertemporel il y a, il devrait ici plutôt jouer *a contrario* : les emplois qu'occupent les anciens allocataires étant le plus souvent précaires (45 % de ceux qui occupent un emploi l'auront perdu dans un délai de six mois), les allocataires devraient les refuser, même si, au contraire, ils leur procurent un gain financier immédiat. Les allocataires, qui travaillent sans incitation financière, déclarent simplement se sentir mieux, être plus optimistes, plus à l'aise, plus disponibles avec leur entourage : la grande majorité des anciens allocataires considèrent que l'emploi leur procure un bien-être [10]. Ils ont sûrement intégré les valeurs d'une société qui dénigre la situation d'assisté, et où le travail est le vecteur essentiel de socialisation. Occuper un emploi, en leur permettant de sortir d'un statut stigmatisant, est pour eux une fin en soi.

À quoi sert l'impôt négatif ?

Si le problème des trappes à chômage existe en théorie, c'est seulement parce que le développement massif de l'emploi à temps partiel dans les années 1990 a déplacé la norme d'emploi prise en compte dans l'analyse des éventuelles désincitations que posent les minima sociaux. Au moment de la création du RMI, en 1988, son niveau avait été défini en prenant soin d'éviter ces risques de désincitation à la reprise d'emploi. Mais on se référait alors à une norme d'emploi de type CDI (contrat à durée indéterminée) à temps plein rémunéré au Smic.

Aujourd'hui, l'absence de gain financier n'apparaît de manière patente que parce que l'on se réfère à présent à une rémunération d'un demi-Smic. Les économistes et certains hommes politiques s'inquiètent alors de l'absence d'écart suffisant entre les revenus procurés par le travail et le montant du RMI, qui désinciterait les allocataires à travailler. Pour les encourager à accepter de « mauvais emplois » (ceux dont les

10. *Ibid.*

baisses de charges favorisent le développement), des mesures de type « impôt négatif[11] » sont alors mises en place.

Pourtant, on l'a vu, il semble que ce risque de désincitation ne soit pas avéré. Le problème est donc ailleurs. Le développement du travail à temps partiel, le plus souvent contraint, a conduit à l'émergence d'une nouvelle catégorie de travailleurs, les travailleurs pauvres. Le travail ne permet pas toujours la sortie de la pauvreté malgré le Smic qui, réduit à une référence horaire, ne fonctionne plus comme une garantie de revenu mensuel. L'absence d'écart entre le revenu de ces travailleurs et le RMI soulève alors un problème éthique : il n'est pas juste que ceux qui font l'effort de travailler n'en retirent pas un gain financier [V, 21]. Le problème est moins l'assistance proprement dite (puisque l'impôt négatif relève techniquement de l'assistance) que l'assistance à ceux qui ne travaillent pas.

Il ne s'agit pas d'une condamnation de l'inactivité en général, puisqu'il existe des mesures qui incitent certaines populations à l'inactivité (essentiellement les mères de famille), mais d'une condamnation de l'oisiveté des bénéficiaires d'allocations sociales : les pouvoirs publics veillent à rendre le travail préférable à l'assistance pure. Pourtant, le développement d'une norme d'emploi qui n'évite pas la pauvreté est injuste en soi, indépendamment de l'existence des minima sociaux. En outre, on a pu constater que les allocataires du RMI ont de toute façon intégré cette valeur que la société donne au travail : ils cherchent des emplois et les acceptent même sans gain financier.

La théorie économique de l'offre de travail, qui n'attribue au contraire aucune valeur intrinsèque au travail, n'est adaptée ni à ces comportements, ni à la philosophie du travail sous-jacente à la lutte contre les trappes. Mais la théorie économique devrait également revoir sa conception du loisir, qui n'est définie qu'en creux, comme le temps qui n'est pas consacré au travail. Pourtant, le loisir n'est certainement pas le

11. Ce terme désigne le versement par l'État d'un complément de revenu aux salariés qui touchent une faible rémunération (le « Wage Family Tax Credit », adopté en 1999 au Royaume-Uni, ou la « Prime pour l'emploi », adoptée en 2001 en France, en sont des exemples).

même « bien » pour une personne insérée et qui a un emploi, que pour un allocataire du RMI qui, se sentant stigmatisé et exclu, ne valorise pas son temps libre et ne profite pas de son « oisiveté ». Pour les allocataires de minima sociaux, qui vivent mal leur situation d'assistés, le choix ne se fait pas entre loisir et revenu, mais plutôt entre assistance et insertion sociale.

Le choix des salariés dépend certainement plus des incitations financières quand la question se pose de travailler ou non davantage. C'est pourquoi des mesures de type impôt négatif pourraient être dangereuses si elles décourageaient les personnes occupant des emplois à temps partiel à travailler davantage (en effet, le montant de l'aide de l'État décroît à mesure que le salaire augmente). En cherchant à lutter contre des trappes à chômage qui visiblement n'existent pas, l'on risque de créer des trappes à pauvreté, d'enfermer les travailleurs pauvres dans la précarité et la sous-rémunération.

IV

Le procès
de l'État-vampire paralytique

14 “L’État est le prédateur des richesses du privé”

Stéphanie Laguérodie et Gilles Raveaud

« Le gouvernement est au service des entreprises ; ce sont elles qui font la croissance. »

Francis MER sur France Inter, le 26 septembre 2002.

« La France qui freine, c’est la France qui fait de l’entreprise et de ceux qui en assurent le succès le gisement privilégié des ressources publiques, avec des ponctions records : 45 % du PIB en prélèvements obligatoires, 54 % en dépenses collectives, soit cinq points de plus que la moyenne européenne (450 milliards de francs), sans performances meilleures dans aucun domaine. »

Allocution d’Ernest-Antoine SEILLIÈRE,
président du Medef, devant la Commission
des affaires économiques et du plan du Sénat, 24 janvier 2001.

« Par l’imposition progressive sur le revenu, le gouvernement prive ses citoyens dont le succès couronne les efforts de leur rémunération pour la donner à ceux qui ne réussissent pas ; il pénalise ainsi l’industrie, l’économie, la compétence et l’efficacité et subventionne l’oisif, le dépensier, l’incapable et l’inefficient. En dépouillant l’économe, il tarit la source du capital, entrave les investissements et la création de nouveaux emplois, ralentit le progrès industriel… »

COMMISSION DES PRINCIPES ÉCONOMIQUES DE
L’ASSOCIATION NATIONALE DES INDUSTRIELS AMÉRICAINS, 1946 [1].

Qu’un ancien président de la République, non satisfait du cumul de ses retraites (soit 22 500 euros mensuels) au titre des diverses fonctions jadis exercées, demande

1. Cité par John Kenneth GALBRAITH, *Le Nouvel État industriel*, Gallimard, NRF, Paris, 1976.

à toucher la solde de conseiller constitutionnel[2] pourrait apporter des pièces au dossier de l'État dispendieux et peu soucieux de l'efficacité de ses dépenses. Bien qu'abordant rarement ce type de sujet, le procès de l'État recouvre en effet l'idée que non seulement l'État prélève indûment des ressources aux contribuables, mais qu'en plus il n'en fait pas bon usage. Ou, en tout cas, sûrement pas aussi bon usage que pourraient en faire les intéressés.

Certes, personne ou presque ne conteste qu'il faille un État pour assurer certaines fonctions, comme la défense, la justice, l'émission d'une monnaie nationale, etc., à la fois pour des raisons politiques (ces domaines sont liés à l'identité nationale) et pour des raisons d'efficacité (le privé s'étant montré au cours de l'histoire moins efficace que l'État dans ces domaines). Mais il n'en reste pas moins que, selon certains, les prérogatives de l'État devraient être réduites au minimum nécessaire, car au-delà, son action produirait des effets contre-productifs.

Derrière ces accusations se cache la figure d'un État prédateur du privé, et ce en un double sens : prédateur car vivant des prélèvements effectués sur le secteur privé, mais aussi prédateur des investissements et des productions du privé, car les effectuant à sa place et souvent moins bien. Et pourtant, à bien y regarder, convoqué à ce procès, l'État peut à bon droit plaider non coupable.

Trop d'impôts ?

Selon l'économiste américain Arthur B. Laffer, l'État, en augmentant les impôts, décourage tellement l'activité que les recettes fiscales diminuent à mesure que les taux d'imposition augmentent : ceux qui gagnent le plus, voyant leurs revenus tellement diminués par les impôts qu'ils doivent acquitter, décident de travailler moins, voire renoncent à travailler. Ils paient donc moins d'impôts, ce qui diminue les recettes de l'État. D'où sa fameuse formule : « Trop d'impôt

2. *Le Canard enchaîné*, 25 septembre 2002, p. 2.

tue l'impôt. » Or cette « loi » repose sur des hypothèses très restrictives.

Rares, en effet, sont les travailleurs (salariés ou non) qui peuvent réellement décider de moduler leurs heures de travail. Et pour ceux qui le peuvent, il est difficile de concevoir qu'il n'existe pas de solution alternative, surtout en période de chômage de masse comme actuellement. Certes, des obstacles pratiques (qualification, information sur les emplois disponibles...) peuvent se présenter. Mais de nombreux facteurs, comme le désir de reconnaissance sociale ou la conscience professionnelle, limitent fortement le risque de voir des chefs d'entreprise, des médecins ou des avocats travailler moins à cause de leurs impôts trop élevés. Et, de fait, cette fameuse « loi » n'a jamais été vérifiée empiriquement.

D'ailleurs, pour qu'elle s'applique, encore faudrait-il que certaines personnes soient effectivement très fortement imposées au point d'être découragées de travailler. Or, dans le cas de la France, François Bourguignon et Dominique Bureau, dans un rapport de 1999 pour le CAE (Conseil d'analyse économique, rattaché au Premier ministre)[3], constatent que les taux moyens d'imposition ne sont pas aussi élevés que ce qu'on entend souvent et que, de plus, ils croissent très lentement avec le revenu. Afin de mesurer le total des prélèvements supportés par les contribuables, ils prennent en compte les cotisations sociales, l'impôt sur le revenu, la CSG (contribution sociale généralisée) et la TVA (taxe sur la valeur ajoutée) payée par les salariés sur les biens et services qu'ils consomment. Pour estimer les taux d'imposition, ils ramènent le total de ces prélèvements au revenu des ménages[4].

Ils montrent ainsi qu'en 1994, pour un couple sans enfant, les taux d'imposition de ceux qui touchent une fois le Smic sont quasiment les mêmes que ceux qui touchent... dix fois plus ! Les premiers consacrent environ 25 % de leurs revenus

---

3. François Bourguignon et Dominique Bureau, *L'Architecture des prélèvements en France : état des lieux et voies de réforme*, Rapport au CAE, n° 17, La Documentation française, Paris, 1999.

4. Ils calculent le revenu « superbrut » des ménages, qui est le salaire net augmenté des cotisations patronales et salariales. En effet, ces cotisations correspondent à un revenu supplémentaire pour les ménages, grâce aux prestations qu'elles financent [III, 10].

aux divers impôts, tandis que les derniers reversent « seulement » un peu plus de 30 % des leurs. Les différences sont donc très inférieures à ce qui est souvent énoncé. Certes, il est vrai que certains ménages consacrent plus de 50 % de l'*augmentation* de leurs revenus aux impôts. C'est justement le cas de ceux qui gagnent plus de dix fois le Smic chaque mois. Mais, comme le remarquent Bourguignon et Bureau, « très peu de ménages — moins de 1 % — sont concernés par les taux les plus élevés [5] ».

Ces résultats peuvent surprendre. Pourtant, ils s'expliquent très simplement par la prédominance, au sein du système fiscal français, d'impôts *proportionnels*, comme les cotisations sociales et la TVA, c'est-à-dire d'impôts pour lesquels chacun paie la même part de son revenu, quel qu'il soit. Le seul impôt *progressif*, l'impôt sur le revenu, auquel les plus aisés consacrent une part plus importante de leurs revenus que les plus modestes, représente en effet nettement moins de 10 % (7,8 % en 2002) du total des prélèvements obligatoires, contre plus de 15 % pour la TVA et plus de 45 % pour les cotisations sociales.

Le système d'imposition français ne prend donc pas (tant que ça) aux riches pour donner aux pauvres. Au contraire, comme le notent les auteurs du rapport, bien des systèmes fiscaux sont nettement plus redistributifs que le système français, comme c'est le cas par exemple en Allemagne. Et ses vertus redistributives sont encore diminuées si l'on tient compte du fait que, aujourd'hui encore, ce sont les classes moyennes supérieures et leurs enfants qui bénéficient le plus des infrastructures collectives (médiathèques, musées, grandes écoles...) financées grâce à l'impôt, ainsi que du système de santé, financé par les cotisations sociales, dont ils sont les plus gros consommateurs. Enfin, ce sont ces populations qui vivent le plus longtemps, et qui sont donc les bénéficiaires nets du système de retraite, à l'inverse des ouvriers : certes, ces derniers cotisent moins, mais leurs pensions sont également moins élevées et, du fait de leur mortalité précoce,

5. François BOURGUIGNON et Dominique BUREAU, *L'Architecture des prélèvements en France, op. cit.*, p. 25.

ils ne les perçoivent en moyenne que pendant un nombre d'années nettement inférieur à celui des cadres.

Ainsi, l'idée de prélèvements insupportables pour une certaine frange de la société est largement à relativiser. Tournons-nous maintenant vers l'utilisation que font les institutions publiques de ces ressources.

Quand l'État et la Sécurité sociale nous font faire des économies

L'État grand gaspilleur ? À voir. En tout cas, il n'est pas le seul : difficile d'ouvrir un journal sans tomber sur les gaspillages des (grandes) entreprises privées, entre erreurs stratégiques et trucages des comptes[6]. Certes, l'absence de concurrence, qui n'incite pas à accroître la productivité et la qualité des services rendus, et le clientélisme, lié à la proximité avec le pouvoir de décision, rendent suspecte toute intervention de l'État. Mais pour sortir des anathèmes et des *a priori*, rien ne vaut un exemple, non trivial de préférence. Prenons celui de la santé : n'est-ce pas là un des biens, sinon *le* bien qui nous est le plus précieux, encore plus précieux que notre dernier téléphone portable ?

Pour ce faire, on peut se fonder sur les études effectuées par les organismes internationaux, comme l'OMS (Organisation mondiale de la santé) ou l'OCDE (Organisation de coopération et de développement économiques). Or ce que montrent ces études, c'est l'existence, même au sein des pays riches, de différences notables en termes de coûts et de résultats des systèmes de santé. Ces différences sont même presque caricaturales lorsqu'on compare deux pays comme la France et les États-Unis. En effet, tandis que les États-Unis sont le pays qui consacre, et de loin, la part la plus grande de son PIB à son système de santé (13 % en 2000, contre 9,5 % en France), les résultats obtenus par ce pays en terme de durée de vie en bonne santé sont loin d'être aussi bons que ce à quoi l'on pourrait s'attendre. Mesurant l'« efficacité [avec laquelle] les

6. Voir Daniel ARONSOHN et Guillaume DUVAL, « Le grand gâchis de l'argent privé », *Alternatives économiques*, n° 188, janvier 2001.

systèmes de santé parviennent à convertir leurs dépenses en santé », l'OMS classe ainsi les États-Unis en 72e position, juste devant le Bhoutan, et loin derrière des pays comme la Grèce, le Maroc, le Costa Rica ou l'Albanie. La France, quant à elle, est classée quatrième, les trois pays les plus *efficients* en matière de santé (c'est-à-dire ceux qui utilisent au mieux les ressources dont ils disposent) étant Oman, Malte et l'Italie [7].

Le système de santé américain, essentiellement privé comme l'on sait, est donc prodigieusement inefficace. Mais il y a plus : comme le note l'OMS, cette faible efficacité est à relier directement au mode de fonctionnement privé de ce système, qui repose plus que les systèmes publics sur les paiements à l'acte, au contraire de contributions régulières sous la forme de paiement de cotisations sociales. De ce fait, de nombreuses personnes hésitent à se faire soigner et finissent donc par arriver à l'hôpital une fois que leur situation s'est sérieusement dégradée, ce qui accroît considérablement le coût des traitements. De plus, l'absence de couverture universelle peut dissuader complètement certaines personnes de recourir à certains traitements coûteux, ce qui explique la grande inégalité face à la mort constatée aux États-Unis, où elle est beaucoup plus élevée que dans des pays à niveaux de développement comparables.

Le financement public de services de base comme la santé n'est donc pas seulement plus équitable. Il peut également se révéler plus efficace, et ce *en raison de cette équité même*. Dans le cas de la santé, elle se résume simplement par l'adage selon lequel « il vaut mieux prévenir que guérir ». Autrement dit, il vaut mieux avoir une population couverte par une assurance maladie qu'une population non couverte. Et la même chose peut évidemment être dite de l'éducation, des transports, du logement… Loin de nuire à l'efficacité collective, l'organisation par des institutions publiques de la fourniture de ces services de base peut donc, dans certains cas, conduire à une plus grande efficacité pour tous. Nous rejoignons donc Jean-Marie Harribey lorsqu'il écrit que « les prélèvements

---

7. ORGANISATION MONDIALE DE LA SANTÉ, *Rapport sur la santé dans le monde 2000*, Genève, 2000, p. 206.

obligatoires sont des suppléments obligatoires[8] » : en nous obligeant à contribuer à la production de ces biens collectifs, non seulement l'État permet à chacun d'entre nous d'en bénéficier, mais de plus cela se fait à moindre coût. Il participe donc ainsi à la création de la richesse.

Mais ce qui est valable pour la santé ou des biens collectifs de base l'est-il pour les autres domaines de l'économie ? Jusqu'où l'État peut-il étendre ses limites sans devenir le vampire de l'initiative privée ? Théoriquement, il n'y a pas de réponse à cette question. On peut simplement constater qu'historiquement le développement du secteur privé a très souvent nécessité celui du secteur public, sous une forme ou sous une autre.

L'impossible séparation du public et du privé

Les cas où les investissements productifs assurés par l'État (les administrations publiques en général) ont permis à la sphère privée de prospérer et d'accroître la richesse créée ne sont pas rares. Que ce soit par sa capacité à prendre en charge des investissements risqués ou à assurer une perspective de long terme pour la société, il participe intrinsèquement à la production de richesses.

C'est le cas lorsqu'il favorise les innovations technologiques par exemple, parce qu'il peut se permettre de financer pendant un temps relativement long des recherches non immédiatement rentables ; il n'est qu'à penser à la technologie d'Internet, qui a été développée par des chercheurs américains travaillant dans des instituts publics, pour mesurer l'importance de ces financements-là. C'est également le cas quand il réalise à la place du privé les investissements de structure nécessaires au fonctionnement de ces mêmes compagnies privées, comme l'illustre la reprise en main par le gouvernement britannique, en 2002, de son réseau de chemin de fer privatisé (transformation de la société privée Railtrack

8. Jean-Marie HARRIBEY, « Ne tirez pas sur les "suppléments obligatoires" », *Le Monde*, 25 mars 1997.

en société mixte sans actionnaire), suite à des accidents dus au manque d'entretien des infrastructures et à des défauts de maintenance [I, 1].

De façon plus générale, la production publique de certains biens a des effets cumulatifs sur la croissance. Par exemple, les investissements dans l'éducation, les infrastructures citées plus haut profitent à toute l'économie, et pas seulement à leurs bénéficiaires immédiats : un ingénieur ne bénéficie pas seul de sa formation, il en fait profiter l'ensemble de l'économie par l'intermédiaire de son travail. Avoir une population formée, bien soignée, a évidemment des effets d'entraînement positifs sur l'économie en général. Le rôle de l'État est alors d'assurer une production suffisante de ces biens, quand le privé ne le fait pas, en raison de la rentabilité faible, incertaine ou lointaine de ce type de production.

Au final, il se révèle bien difficile d'affirmer de façon aussi tranchée que le font les pourfendeurs de l'intervention de l'État quelles doivent être ses limites intrinsèques. Il est d'ailleurs intéressant de noter que les penseurs libéraux des XVIIIe et XIXe siècles, qui pourtant étaient plutôt favorables à une intervention de l'État réduite au minimum nécessaire — car ils croyaient fermement aux vertus de l'initiative privée —, n'ont jamais réussi à délimiter précisément en théorie les frontières de cet « État minimal »[9]. Ainsi Adam Smith se déclarait-il favorable à un service d'éducation public le plus étendu possible. Dans le même registre, les entreprises sont aujourd'hui demandeuses d'une formation « tout au long de la vie » de la part des individus, mais c'est sur la mise en place de procédures collectives que l'on compte, car le marché seul est incapable d'organiser cela. Ce qui n'a rien d'étonnant si l'on garde à l'esprit que le développement du marché s'accompagne inévitablement du développement de l'État et de ses prérogatives, à commencer par la multiplication des règlements, suscitée par les acteurs du marché eux-mêmes. Les demandes actuelles de réglementation de la part des acteurs des marchés financiers, suite aux scandales financiers de 2001 et 2002 (Enron, etc.), l'illustrent bien.

---

9. Pierre ROSANVALLON, *La Crise de l'État-providence*, Seuil, Paris, 1992.

De façon générale, on voit à quel point il est illusoire de vouloir séparer le marché de l'État, comme si ces deux entités étaient totalement distinctes. L'histoire comme les événements actuels montrent que, comme le disait déjà Karl Ponalyi en 1944, État et marché grandissent ensemble [10].

---

10. Karl POLANYI, *La Grande Transformation*, Gallimard, Paris, 1983.

15 “L’endettement public est le fardeau des générations futures”

Bernard Guerrien

« Je le dis aux Français : il faut aussi lutter contre nos déficits, il faut lutter contre cette maladie qu’a la France de creuser systématiquement les déficits. Pendant que nous parlons, il y a sans doute un bébé qui est en train de naître dans une clinique, quelque part. Sur ses épaules, dès qu’il va commencer à respirer, il y aura déjà 100 000 francs de dette, 15 000 euros. Donc, il y aura là déjà un dispositif d’endettement pour les jeunes qui pénalise après. »

Jean-Pierre RAFFARIN, jeudi 26 septembre 2002, sur France 2 [1].

« Lorsque l’État dépense plus que ses ressources le lui permettent, il le fait aux dépens des générations futures. » Variante du vieil adage : « Quand les parents boivent, les enfants trinquent », la boisson étant ici assimilée aux dépenses excédentaires. Au premier abord, ce genre de proposition semble relever du simple bon sens : un bon père de famille ne doit-il pas veiller à bien tenir les cordons de la bourse, dans le cadre d’une saine gestion des ressources du ménage ?

Un brin de réflexion conduit toutefois à une première objection : ce genre de proposition ne conduit-il pas à condamner *toute forme d’endettement*, puisque celui-ci implique que l’on dépense plus aujourd’hui qu’on ne possède — avec pour conséquence une ponction sur les ressources

1. Extrait d’un discours disponible sur le site Internet <http://www.premier-ministre.gouv.fr>.

dans le futur ? Est-ce léser ses enfants que de prendre un crédit pour acheter une maison dans laquelle ils vont vivre, quitte à ce qu'ils aient à en rembourser une partie dans le futur — s'ils veulent la garder ? De la même façon, lorsque l'État emprunte pour mettre en place des infrastructures dont bénéficieront les générations futures, peut-on dire qu'il agit au détriment de celles-ci ? Les choses ne sont donc pas si simples qu'il y paraît.

Elles le sont encore moins si l'on raisonne non pas au niveau d'une famille, mais à celui d'un pays, de la communauté tout entière, comme le font ceux qui parlent de « générations ». Car, alors, il faut tenir compte de ce que les créanciers et les débiteurs sont souvent — en grande partie si ce n'est totalement — de la même « famille ». Mais aussi du fait que celle-ci a une durée de vie pratiquement infinie — enfants, petits-enfants, arrière-petits-enfants, etc.

Une évidence : toute dette a pour contrepartie une créance

Lorsque l'État d'un pays comme la France a un déficit budgétaire, il émet des titres — tels les bons du Trésor — qui sont achetés par d'autres agents de l'économie, lesquels voient là un moyen de placer leur épargne de façon relativement sûre, même si le taux d'intérêt proposé n'est pas très élevé [V, 22]. Les sommes empruntées ainsi par l'État vont être utilisées par lui pour rémunérer des fonctionnaires, subventionner tel ou tel secteur de l'économie, construire des écoles, des routes, des fusées, etc. Ce qui importe ici, c'est que ceux qui ont acquis les titres — devenant ainsi des créanciers de l'État — font partie de la même « génération » que ceux qui ont bénéficié des dépenses à l'origine de l'endettement public : il y a redistribution des ressources *au sein d'une même génération.* Comme l'a remarqué — en 1724 ! — J. F. Melon (cité par David Ricardo, un siècle plus tard), la dette de l'État est une dette « de la main droite à la main gauche dont le corps ne se trouve pas affaibli », du moins tant qu'on suppose que les emprunts sont faits auprès de nationaux (le « corps » étant ici le pays, pris globalement).

Il en est de même pour les générations futures : si celles-ci « héritent » globalement de la dette publique, certains de leurs membres « héritent » aussi des créances correspondantes. Le problème est donc celui de la *répartition des ressources au sein de chaque génération*, et non entre générations. À la limite, si l'on supprimait dettes et créances à un moment donné, rien ne changerait globalement à ce moment-là. Évidemment, les comportements dans le futur seront probablement affectés : ceux qui ont vu leur créance annulée seront bien plus réticents à prêter à nouveau — ou alors ils exigeront des taux d'intérêt bien plus élevés (ceux-ci incorporant une « prime de risque »). L'affectation des ressources, par les générations futures, sera alors modifiée.

Endettement international et générations futures

Jusqu'à présent, on a raisonné dans un système fermé, « en famille ». Mais celle-ci peut aussi s'endetter auprès d'autres « familles », c'est-à-dire d'autres pays. La « génération » qui le fait va utiliser plus de ressources qu'elle n'en produit et donc laisser à ses descendants, pris dans leur ensemble, une dette (envers d'autres pays) qu'ils devront rembourser. Autrement dit, les générations futures devront consommer moins qu'elles ne produisent, l'excédent de la production sur la consommation étant exporté pour payer la dette de « leurs parents ».

Dans ce cas, on peut dire qu'effectivement la génération présente, prise dans son ensemble, vit « aux dépens des générations futures » et leur laisse un « fardeau ». Tel est le cas des États-Unis qui, depuis le milieu des années 1990, accumulent les déficits commerciaux, année après année (ils importent plus qu'ils n'exportent). En même temps, du moins jusqu'à la fin des années 1990, ce pays se caractérisait par un excédent budgétaire — contrairement à la plupart de ceux de l'Union européenne, dont la France, qui avaient à la fois un déficit budgétaire et des exportations qui dépassaient (parfois largement) les importations. Pourtant, les États-Unis étaient donnés en exemple et les pays européens critiqués parce qu'ils

« sacrifiaient les générations futures » — alors qu'ils accumulaient en fait des créances sur la production (future) du reste du monde (à commencer par les États-Unis), créances dont ces générations allaient hériter !

Si l'on s'en tient donc au raisonnement global, « par générations », alors, à strictement parler, une génération ne peut laisser un « poids », ou une « dette », aux générations futures, que si elle « vit au-dessus de ses moyens », en consommant plus qu'elle ne produit, dans l'ensemble — et donc si elle importe plus de biens des autres pays qu'elle n'en exporte. Ce qui n'a strictement rien à voir avec le déficit budgétaire de l'État, qui est d'abord un problème entre les membres d'une même génération. On peut évidemment remarquer qu'un pays qui s'endette par rapport à l'étranger en important des biens de production (machines, équipements, etc.) « pense à l'avenir », en donnant les moyens aux générations futures de rembourser la dette (grâce à la production de ces machines, associée à leur travail). Mais ce type d'argument, qui porte sur la forme ou la cause de l'endettement, peut aussi être avancé dans le cas du déficit budgétaire : quand l'État s'endette pour, par exemple, mettre en œuvre des infrastructures dont bénéficieront les générations futures, ou pour élever leur niveau d'éducation et de santé, n'est-on pas dans une situation similaire ?

La question essentielle, en ce qui concerne le déficit budgétaire, est donc de savoir quelles en sont les raisons et les conséquences, notamment au niveau de l'affectation des ressources — le discours sur le « sacrifice des générations futures » étant en fait destiné à culpabiliser ceux qui défendent le rôle de l'État dans l'économie.

Déficit budgétaire et « distorsions » dans l'affectation des ressources

Pourquoi y a-t-il des déficits budgétaires ? Certains avancent qu'ils résultent de la démagogie des politiques qui, pour satisfaire telle ou telle partie de leur électorat, dépensent sans (trop) compter (en infrastructures, en subventions, en embauchant des fonctionnaires en surnombre, etc.), sans trop tenir compte des ressources dont dispose l'État. Ceux qui avancent ce type d'argument partent de l'idée, au moins implicite, que le système laissé à lui-même affecte de façon optimale, ou efficace, les ressources de l'économie — chacun recevant, notamment, la contrepartie de sa contribution à la production [V, 21].

Le déficit budgétaire — et, plus généralement, les dépenses de l'État autres que le strict nécessaire — ne peut alors qu'être source de « distorsions », c'est-à-dire d'une affectation des ressources qui n'est pas efficace (elle est « sous-optimale », comme disent les économistes). Ces « distorsions » sont donc laissées aux générations futures, qui devront « payer » (par plus de travail, ou de chômage, selon le cas) si elles veulent rétablir l'efficacité (pour elles ou pour leurs descendants). Dans le cas des pays sous-développés, le discours sur les « ajustements structurels » s'appuie sur ce type d'analyse, qui ne vaut que ce que vaut son postulat de base — l'affectation « spontanée » des ressources, hors intervention de l'État, est la meilleure possible [II, 7].

Bien que le thème des « distorsions » provoquées par l'action de l'État soit inscrit en filigrane dans les analyses de la grande majorité des économistes, rares sont ceux qui se limitent à ce constat. En effet, personne ne niant la nécessité des impôts — au moins pour payer les militaires, les policiers et les magistrats, pour défendre la propriété et l'ordre, etc. —, il faut bien les prélever, si possible en évitant au maximum les fameuses « distorsions ». Dans les faits, la procédure de prélèvement ne doit pas mobiliser trop de ressources — comme celles qui seraient nécessaires s'il fallait effectuer des études fines, au cas par cas —, car ce sont des ressources perdues (voir les critiques faites à la redevance radio-télévision, dont le produit servirait en bonne partie à couvrir les frais dus au recouvrement lui-même). D'où le recours à des systèmes relativement simples tels que la TVA (pourcentage s'appliquant à chaque facture) ou l'impôt sur le revenu, qui forment la plus grande partie des recettes de l'État. En ce qui concerne ses dépenses, elles sont essentiellement formées par les salaires versés aux fonctionnaires — ou, plus généralement, à tous ceux dont l'activité relève de la même logique de service public. De telles dépenses sont en très grande partie indépendantes de la conjoncture ; par exemple, on ne réduit pas, ou on n'augmente pas, en fonction de celle-ci le nombre d'enseignants, de militaires, de policiers, de magistrats, de personnel de santé (le gros des effectifs de la fonction publique, ou assimilés).

On se trouve ainsi dans une situation où les recettes sont soumises à des variations bien plus fortes que les dépenses, de sorte que l'égalité entre les unes et les autres ne peut qu'être accidentelle. Le déficit (ou l'excédent) budgétaire peut évidemment être plus ou moins grand selon les circonstances, ce dont l'État doit tenir compte. Il dispose pour agir de certains leviers — taux d'imposition par exemple, dépenses de tous ordres — lui permettant de diminuer ou d'augmenter l'un ou l'autre. Mais quand le fera-t-il ?

Déficit budgétaire et ressources futures

Pour apprécier l'impact sur les générations futures d'un déficit budgétaire, il faut d'abord se poser la question de la façon dont sont employées les ressources dont dispose la société, au moment considéré. Dans le cas où elles sont complètement utilisées (il y a « plein emploi ») — ou presque —, il est clair que si l'État augmente ses dépenses, ou diminue ses recettes (par exemple, en baissant le taux d'imposition, global ou de certaines catégories sociales), cela se traduit forcément par une modification de l'affectation des ressources entre les divers secteurs économiques, entre les groupes sociaux ou entre les individus (par exemple, développement de la production des secteurs subventionnés, ou de la demande de personnes recevant une aide).

On peut estimer que dans la mesure où cette modification est imposée aux membres de la société, elle provoque des réactions de blocage de leur part, ou de certains d'entre eux (ceux qui ne bénéficient pas de ces dépenses, ou qui en subissent le contrecoup, à travers les impôts), de sorte que les « distorsions » seront accrues (par exemple, maintien d'activités non viables au détriment de celles qui le sont) — le soin de les régler étant laissé aux générations futures. Mais, surtout, le surcroît de dépenses qui en découle peut avoir une incidence non négligeable sur les prix des biens (dont la demande va augmenter, alors que les capacités de production sont pleinement utilisées), et sur le taux d'intérêt (les prêteurs tenant compte de la hausse des prix qu'ils anticipent), ce qui rend plus coûteux l'investissement.

À cela s'ajoute une incertitude accrue : de combien augmenteront les prix ? N'y a-t-il pas un risque d'emballement, chacun ayant tendance à augmenter ses prix en pensant que les autres le feront, enclenchant ainsi une spirale inflationniste — suivie d'une réaction brusque des autorités monétaires, destinée à casser le processus, quitte à provoquer une récession (en induisant une baisse de la demande, à commencer par celle des travailleurs contraints au chômage, et en rendant les capacités de production excédentaires).

Ce scénario ne vaut toutefois que si l'économie est au départ au plein emploi (ou proche de lui) ou si l'on estime que la façon dont les ressources y sont allouées est satisfaisante — selon un critère à définir. Si tel n'est pas le cas, si par exemple certaines dépenses ou certains investissements (en éducation, en recherche, en santé, en infrastructures), jugés indispensables au bien-être des générations futures, ne sont pas effectués si on les laisse à la seule initiative privée (parce qu'elle les considère comme trop risqués ou peu rentables), alors il se peut que l'État les prenne à son compte, en s'endettant — d'où hausse possible du déficit budgétaire.

Peut-on alors lui reprocher de laisser un « fardeau » aux générations futures ? Non, bien évidemment, puisque ce sont elles qui bénéficieront principalement des résultats des dépenses à l'origine du déficit. Il est vrai que les impôts augmenteront en conséquent, mais on peut considérer que c'est la contrepartie des bénéfices obtenus. Personne ne proteste quand une entreprise s'endette pour investir, puis fait payer les biens et services qui résulteront de cet investissement ! En fait, le seul, et difficile, problème est de décider de l'intérêt de telle ou telle dépense — intérêt, par exemple, des actionnaires dans le cas de l'entreprise, ou des générations futures, dans le cas de l'État.

Déficit budgétaire et sous-emploi

Reste le cas où il n'y a pas plein emploi des ressources. Pourquoi peut-il en être ainsi ? On est là en présence d'une question centrale en économie politique. Sans rentrer dans les détails, on peut remarquer qu'il n'y a aucune raison de supposer que, dans un système où les décisions sont prises indépendamment les unes des autres, par un très grand nombre d'individus, toutes les ressources soient affectées selon leurs vœux (grâce à l'intervention d'une mystérieuse « main invisible »). Il peut donc arriver que l'économie soit bloquée dans une situation où il y a un important sous-emploi (des travailleurs, des équipements et des machines).

Ce blocage peut être entretenu par les anticipations pessimistes de ceux qui ont les moyens d'investir ou d'embaucher : ils pensent que la demande sera insuffisante, ce qui sera effectivement le cas du fait même de leur comportement frileux. En augmentant ses dépenses, et donc son déficit, l'État contribue à briser ce cercle vicieux : l'emploi de travailleurs jusqu'alors au chômage, d'équipements inutilisés, de matières premières disponibles va engendrer un flux de nouveaux revenus, qui sera à l'origine d'une demande supplémentaire pouvant servir de débouché aux nouvelles productions, encourageant donc celles-ci, et ainsi de suite. Comme les recettes de l'État sont étroitement dépendantes de la production et des revenus, elles augmenteront d'autant : il se peut que le déficit soit complètement résorbé et même qu'il y ait un excédent budgétaire. Dans ce cas, les nouvelles générations n'hériteront pas d'un « fardeau », mais plutôt d'une situation meilleure (que celle où il n'y aurait pas eu de déficit).

Bien entendu, comme toujours, les choses risquent, en fait, d'être plus compliquées. Ainsi, l'existence d'une demande supplémentaire de biens et de services vient en concurrence de celle qui existe déjà et peut être à l'origine de hausses de prix : il suffit que celles-ci soient anticipées par les agents économiques pour que les comportements soient modifiés. L'effet peut, en particulier, être non négligeable sur les taux d'intérêt : ceux-ci sont augmentés « maintenant » en prévision d'une inflation future, qui n'aura peut-être pas lieu, mais que certains croient déduire de la hausse du déficit budgétaire. Les conséquences bénéfiques de celui-ci seront donc moindres, ou même neutralisées : la production n'augmentera pas, ou peu, alors que la dette publique s'alourdira [II, 6]. Les résultats d'un déficit budgétaire, et donc ce qui est laissé aux « générations futures », dépendent ainsi de facteurs complexes, où la façon d'intervenir de l'État et les anticipations d'un certain nombre d'intervenants importants jouent un rôle essentiel.

Un déficit budgétaire peut aussi jouer un rôle préventif, même lorsqu'un pays est proche du plein emploi : le but recherché est alors d'éviter un effondrement (anticipé) de l'économie, suite, par exemple, à une bulle financière ou à l'existence de capacités largement excédentaires, faisant craindre une spirale déflationniste. L'exemple japonais des années 1990 est de ce point de vue fort significatif : le déficit budgétaire a beaucoup augmenté, avec pratiquement l'assentiment de tout le monde — une récession brutale, avec un système bancaire au bord du gouffre, étant particulièrement redoutée. Pas question d'invoquer ici le « fardeau des générations futures » — si ce n'est celui qui résulterait d'une économie en banqueroute, faute d'intervention massive (et d'endettement) de l'État.

16 “Le niveau des prélèvements obligatoires est trop élevé en France, et il va devoir diminuer”

Gilles Raveaud

« Voilà vingt ans qu'avec la simple expertise du sens commun, nous crions casse-cou devant cette surcharge fiscale et paperassière, cette défonce des prélèvements obligatoires, ce panier percé de la Sécurité sociale qui allait nous mettre des bottes de plomb alors qu'on voyait pointer, et d'abord en Asie, tant de compétiteurs aux pieds légers. »

Le Point, 5 février 1994.

« Dans la plupart des pays de l'Union, les coûts du travail sont grevés de manière importante par les prélèvements obligatoires. [...] Ne faut-il pas y voir une cause du ralentissement de la croissance ? »

COMMISSION EUROPÉENNE, *Croissance, compétitivité, emploi*, dit « *Livre blanc Delors* », 1994, p. 19.

« Bien sûr, le niveau des prélèvements obligatoires reste élevé en France, près de 45 %. Mais la politique fiscale du gouvernement Jospin a permis d'arrêter la dérive constatée auparavant [...]. Sur le court terme, la baisse des impôts soutient l'activité à un moment où la conjoncture hésite ; sur le long terme, elle nous permet de préparer l'avenir en consolidant notre potentiel économique. Oui, baisser les impôts de cette façon est positif pour une croissance réformatrice et solidaire. »

Laurent FABIUS, *Le Monde*, 28 août 2001.

La nécessité de réduire les prélèvements obligatoires fait partie des rares sujets sur lesquels, en France, existe un consensus. Quoi de plus naturel ? La France n'est-elle pas un des pays dont les habitants sont les plus taxés en Europe, voire dans le monde ? Cet argent ne constitue-t-il pas une charge pour la collectivité, grevant l'innovation et la croissance ?

Pour répondre à ces questions, il sera nécessaire de décortiquer la notion de « prélèvements obligatoires », faussement simple à force d'être répétée. Un premier panorama européen commencera par relativiser l'idée d'une exception française dans le domaine. Puis on expliquera la hausse (historiquement observée) du taux de prélèvements obligatoires. Enfin, on s'interrogera sur la possibilité de le faire diminuer.

La France n'est (même) pas championne d'Europe des prélèvements obligatoires

Le débat français sur le niveau des prélèvements obligatoires semble souvent tenir pour acquis que la France serait parmi les plus mauvais élèves de la classe en la matière. Il n'en est rien : les prélèvements obligatoires s'y situent un peu au-dessus de la moyenne, loin derrière les pays du Nord de l'Europe (Danemark, Suède, Finlande) et à un niveau comparable à celui des Pays-Bas, de l'Autriche et de l'Italie. Les pays européens ayant un niveau de prélèvements obligatoires nettement inférieur à celui de la France sont assez peu nombreux — il s'agit, par ordre décroissant, du Royaume-Uni, du Portugal, de l'Espagne, de la Grèce et enfin de l'Irlande (tableau 1).

On entend très souvent dire que les prélèvements obligatoires obèrent la croissance, c'est-à-dire la hausse du PIB. Si cela était exact, on devrait observer une relation inverse entre le niveau de ces prélèvements et le PIB/habitant. Or, les habitants des pays à forts taux de prélèvements obligatoires sont les plus riches de notre continent. Haut niveau de prélèvements obligatoires et richesse nationale vont ainsi souvent de

TABLEAU 1. – CLASSEMENT DES PAYS DE L'UNION EUROPÉENNE EN FONCTION DU NIVEAU DE LEUR TAUX DE PRÉLÈVEMENTS OBLIGATOIRES (PO), EN % DU PIB (1997) [1]

Pays	*Taux de PO*
Suède	54,3 %
Danemark	51,6 %
Finlande	47,1 %
Belgique	46,6 %
France	46,4 %
Pays-Bas	45,8 %
Autriche	44,8 %
Italie	44,1 %
Luxembourg	43,8 %
Allemagne	41,8 %
Royaume-Uni	37,2 %
Portugal	37,1 %
Espagne	35,5 %
Grèce	34,6 %
Irlande	34,0 %

NB : une double barre indique un « saut » dans le niveau des prélèvements obligatoires.

Source : COMMISSION EUROPÉENNE, *Structures des systèmes d'imposition dans l'Union européenne 1970-1997*, Luxembourg, 2000.

1. Pourquoi 1997 et pas des chiffres plus récents ? Parce que les comparaisons internationales de systèmes de prélèvements obligatoires, même au sein d'un espace relativement homogène comme celui de l'Union européenne, posent de redoutables problèmes de méthode. La Commission européenne a d'ailleurs indiqué en 2002 qu'il ne serait pas possible, « cette année encore » de connaître les taux de prélèvements obligatoires des pays de l'Union européenne (COMMISSION EUROPÉENNE, *Portrait économique de l'Union européenne 2001*, Luxembourg, 2002, p. 123).

pair, ainsi que le remarquait Jacques Delors en 2002, pour qui « l'exemple danois prouve aussi qu'on peut avoir une économie modernisée avec un taux de prélèvements obligatoires élevé. Il est temps de regarder les faits et de lutter contre les effets de mode. Sinon, le modèle européen sera emporté [2] ». Cela dit, il est certain que le niveau des prélèvements obligatoires a augmenté au cours du temps ; c'est d'ailleurs cette augmentation qui pousse certains à demander sa diminution.

Pourquoi les prélèvements obligatoires ont-ils augmenté ?

Au niveau européen, le taux de prélèvements obligatoires est passé de 33,5 % du PIB en 1970 à 42,5 % en 1997. Encore ces chiffres tendent-ils à minorer la hausse réelle, puisque, au cours de cette période, la CEE (Communauté économique européenne) puis l'UE (Union européenne) ont progressivement accueilli des pays à faible taux de prélèvements obligatoires, comme l'Espagne, le Portugal et la Grèce en 1986. Si l'on s'en tient aux six pays fondateurs de la CEE (France, Belgique, Pays-Bas, Luxembourg, Allemagne et Italie), ce taux atteignait 44 % en 1997 [3].

Historiquement, l'essentiel de cette hausse des prélèvements obligatoires a eu lieu au cours des années 1970 : entre 1970 et 1980, l'Europe des Six voit son taux moyen de prélèvements passer de 33,5 % à 40 % du PIB (depuis 1980, le rythme de progression a été beaucoup plus modeste). Or, cette hausse des années 1970 ne résulte pas tant d'une décision des États que des effets de la crise économique déclenchée par le choc pétrolier de 1973 (quadruplement du prix du baril de pétrole) et de sa réplique de 1979. En situation de crise, les États européens ont en effet besoin de prélever de nouvelles ressources afin de financer les dépenses sociales rendues nécessaires par le ralentissement de l'activité et le chômage. Pour ce faire, certains pays recourent alors à la

2. *Le Monde*, 14 mai 2002, p. 5.

3. COMMISSION EUROPÉENNE, *Portrait économique de l'Union européenne 2001*, *op. cit.*

hausse de l'impôt sur le revenu des personnes physiques : en Belgique, ce taux a quasiment doublé au cours de cette période, passant de 8,7 % à 16,1 % du PIB ! En France, où ce sont les partenaires sociaux qui gèrent les fonds de l'assurance chômage, ce sont les cotisations sociales qui s'accroissent nettement (passant de 12,7 % à 17,8 % du PIB).

Depuis 1980, la hausse a donc été plus limitée. Dans le cas de la France, elle s'explique par deux facteurs : la hausse de l'impôt sur le revenu des personnes physiques et la hausse des cotisations sociales. Le premier mouvement peut être interprété comme un mouvement de rattrapage : à environ 8 % du PIB, cet impôt, le seul qui ait des effets redistributifs [IV, 14], continue de demeurer faible en France par rapport aux autres pays européens, notamment ceux du nord de l'Europe où il représente une part deux fois plus importante de la richesse nationale. On peut de plus noter que, au cours de cette période, les dépenses d'éducation ont fortement augmenté, afin de financer la démocratisation du système éducatif.

Quant à la hausse des cotisations sociales, elle s'explique avant tout par la hausse des dépenses correspondantes, chômage, retraite et santé. Le chômage a en effet continué à s'accroître au cours de toute cette période en France, mis à part une brève parenthèse entre 1988 et 1991 [II, 6]. Et dans une telle période, il est nettement préférable pour tous que les chômeurs soient indemnisés, plutôt que de les laisser s'enfoncer dans la misère. C'est en effet la grande leçon de la crise des années 1930 : en situation de difficultés générales, la seule façon d'éviter que la crise ne s'entretienne et ne s'aggrave est de soutenir la consommation de ceux qu'elle rejette hors du travail, et donc du salaire. Car en versant des allocations chômage à ceux qui perdent leur emploi, non seulement on fait preuve de justice sociale, mais également on leur permet de continuer à consommer, c'est-à-dire de continuer à offrir un débouché aux biens et aux services produits par les salariés encore occupés. Quant aux dépenses de retraite et de santé, les effets conjugués d'une durée de vie plus longue et d'une hausse du coût des traitements expliquent sans peine leur hausse.

En résumé, ce n'est donc pas le mauvais fonctionnement de l'État ou de la Sécurité sociale qui explique la hausse des prélèvements obligatoires : cette hausse s'explique par ses contreparties en termes de dépenses. Et on remarquera que ces dépenses sont pour la plupart contraintes, que ce soit pour des raisons économiques (chômage) ou démographiques (éducation, santé, retraite). La marge de manœuvre des administrations publiques est donc restreinte. Mais, dira-t-on, d'autres pays, comme les États-Unis, ne parviennent-ils pas à faire face à ces mêmes dépenses à moindre coût ? Eh bien, justement, non.

L'universalité des cotisations sociales

En fait, c'est la notion même de « prélèvements obligatoires » qu'il nous faut maintenant questionner. En effet, on entend par prélèvements obligatoires les sommes que les citoyens et les entreprises sont obligés de verser aux administrations étatiques et de sécurité sociale. Lorsqu'on compare ces sommes directement entre pays, on obtient en effet de grandes différences, ainsi que l'a montré le tableau 1.

Mais ces différences s'atténuent si l'on regarde de plus près le mode de fonctionnement des systèmes nationaux. C'est ce qu'a montré en 2001 Willem Adema, économiste de l'OCDE, dans une étude consacrée aux dépenses sociales des principaux pays (qui ne couvre malheureusement pas la France). Il ne s'agit donc pas ici de l'ensemble des dépenses publiques, puisque sont exclues les dépenses de l'État (éducation, culture, police...). Cependant, l'étude couvre l'ensemble des dépenses d'un pays pour les retraites, la santé, la famille, l'assurance chômage, l'aide au logement, l'aide aux handicapés... On constate alors que les « dépenses sociales publiques brutes », c'est-à-dire celles assurées par les organes d'État et de sécurité sociale, représentent une part très variable du PIB des pays considérés, allant de moins de 16 % de ce PIB (États-Unis) à plus de 35 % (Suède et Danemark).

Mais, comme le remarque Adema, ce premier chiffre n'est pas pertinent pour essentiellement deux raisons. La première, d'ordre finalement assez technique, tient au fait que certains pays lèvent des impôts sur les sommes versées aux récipiendaires des aides sociales. Par exemple, en France, les

TABLEAU 2. – INDICATEURS DE DÉPENSES SOCIALES, EN % DU PIB (CHIFFRES POUR 1997)

	États-Unis	*Royaume-Uni*	*Allemagne*	*Suède*	*Danemark*
(1) Dépenses sociales publiques brutes	15,8	23,8	29,2	35,7	35,9
(2) Dépenses sociales publiques nettes	16,4	21,6	27,2	28,5	26,7
(3) Dépenses sociales totales (publiques et privées) nettes	23,4	24,6	28,8	30,6	27,5

Source : Willem ADEMA, « Labour market and social policy », *Occasional Papers*, n° 52, OCDE, Paris, août 2001.

personnes percevant les allocations chômage versées par l'UNEDIC, ou les retraités sont assujettis, comme les salariés occupés, à l'impôt sur le revenu ; de même, ils paient la TVA comme consommateurs. Il est donc logique de défalquer ces sommes, puisque l'État reprend ici d'une main ce qu'il avait donné d'une autre[4]. Or cette imposition des revenus sociaux varie fortement d'un pays à l'autre : dans les pays d'Europe du Nord, l'État « reprend » environ 20 % des sommes distribuées, contre moins de 5 % au Royaume-Uni et aux États-Unis. Une fois cela pris en compte, on s'aperçoit que les « dépenses sociales publiques nettes » de l'Allemagne, de la Suède et du Danemark passent en dessous de 30 % du PIB (ligne 2).

Mais c'est la seconde raison qui est de loin la plus intéressante. En effet, pour pouvoir procéder à des comparaisons internationales pertinentes, il faut tenir compte de tous les systèmes de contributions « privés », c'est-à-dire gérés par des organismes autres que l'État, la Sécurité sociale ou les collectivités locales. Or si ces systèmes peuvent être dits privés au

4. À l'inverse, les États peuvent encourager la fourniture de certains services sociaux à l'aide d'avantages fiscaux (cas par exemple des diminutions d'impôt pour les familles afin d'aider à financer la garde des enfants, particulièrement importantes en Allemagne). Ces aides constituent une dépense publique supplémentaire, qui est prise en compte dans le chiffre indiqué à la deuxième ligne du tableau 2.

sens où ils mettent en concurrence des fournisseurs de services (de santé, de retraite, etc.), ce terme ne doit pas masquer le fait que la contribution à ces systèmes est souvent *obligatoire*. Le marché de l'assurance automobile en France illustre bien ce phénomène : il n'existe pas de « Sécurité automobile » comme il existe une « Sécurité sociale », mais chaque automobiliste est bien contraint légalement de posséder une assurance. Or une telle cotisation ne figure pas, en France, dans les prélèvements obligatoires, puisqu'elle n'est pas prélevée par un organisme public. Mais ce prélèvement n'est en rien moins obligatoire pour l'automobiliste que l'affiliation à la Sécurité sociale pour le salarié. De plus, les salariés américains (ou australiens, néo-zélandais, etc.) n'ont souvent pas le choix de leur compagnie d'assurance santé ou de leur fonds de pension, qui peuvent être choisis par leur entreprise, et auxquels ils sont tenus de cotiser.

Ces institutions privées, caisses de retraite et assurances santé essentiellement, sont, comme les organismes publics, chargées de prélever et de redistribuer des sommes[5]. Par exemple, même si leurs modes de fonctionnement peuvent être grandement différents, tous les systèmes de santé ont pour point commun de redistribuer l'argent des bien-portants vers les malades (on ne vous rend pas l'argent si vous décédez sans avoir consommé tous vos droits aux soins !). Il est donc logique de qualifier ces dépenses de « sociales ». En prenant en compte ces systèmes de dépenses sociales privées, on constate alors que les taux de dépenses sociales des différents pays sont nettement moins dispersés qu'à première vue. Ainsi, les deux extrêmes que sont la Suède et les États-Unis ont maintenant des taux assez proches, respectivement de 30,6 % et de 23,4 % de leur PIB (ligne 3), contre 35,7 % et 15,8 % initialement (ligne 1). De même, on constate que le Royaume-Uni et le Danemark ont finalement des taux voisins.

Des pays à niveau de développement comparable consacrent donc une part semblable, comprise entre un quart et un tiers, de leur PIB à leurs dépenses de protection sociale. Nous pouvons donc renoncer au mythe de l'économie de marché

5. Cela exclut donc certaines assurances, comme l'assurance vie, qui n'a pas de caractère redistributif.

« pure », fonctionnant harmonieusement car dépourvue de prélèvements qui l'empêcheraient de se développer. Tous les pays du monde ont besoin de consacrer une part de leur richesse à des dépenses sociales, c'est-à-dire des dépenses qui sont nécessairement produites de façon collective [IV, 14]. En revanche, ils diffèrent grandement dans la façon dont cette protection contre les aléas de la vie est assurée, dans son mode de financement, son accès ouvert à tous ou sélectif, son mode de fonctionnement, etc. Et loin d'être uniquement un fardeau, on peut même dire que des prélèvements, et les dépenses qui leur correspondent, sont évidemment une chance pour leurs habitants. Pourquoi ? Parce que ces dépenses permettent de fournir des biens (un peu) et des services (surtout) qui contribuent de façon essentielle à la qualité de la vie.

Peut-on baisser les prélèvements obligatoires ?

On voit alors à quel point il peut être dangereux de réclamer à tout-va une « nécessaire » baisse des prélèvements obligatoires. Tout d'abord parce que même si l'État et la Sécurité sociale ne sont pas exempts de possibilités d'amélioration, en terme de gestion par exemple, les gains à envisager sont ridiculement faibles, comparés à l'importance financière des enjeux. Ensuite parce qu'il ne faut jamais oublier qu'à tous ces prélèvements correspondent des contreparties. Que ces contreparties ne soient pas du goût de tous (qui préfère un porte-avions, qui des universités, un troisième des autoroutes...) ne fait certes pas de doute, et le débat démocratique est justement là pour décider de l'affectation de ces importantes ressources. On peut d'ailleurs regretter à cet égard que les choix de la Sécurité sociale ne soient pas plus largement débattus au sein de la société, même si son budget, plus important que celui de l'État, est débattu au Parlement depuis 1996. Mais quels que soient ces choix, qui dit réduction des prélèvements d'un côté dit réduction des prestations sociales et des services publics offerts à tous de l'autre.

Il est bien évidemment possible de privatiser la fourniture de certains de ces biens. Ce mouvement est même largement commencé, avec les mutuelles ou les retraites dites « complémentaires », aux niveaux de remboursement croissants avec les revenus de leurs cotisants. Mais privatiser, c'est, comme le terme l'indique, faire en sorte que ce qui appartenait jusque-là à tous n'appartienne plus qu'à quelques-uns, ceux qui pourront payer pour sa consommation. Privatiser, c'est donc exclure. Aux inégalités ainsi créées, il est alors à redouter que ne viennent s'ajouter de fortes inefficacités, puisque la production par les entreprises privées de biens par nature collectifs ne peut que se révéler plus coûteuse [I, 1]. Bien sûr, une telle privatisation ferait mécaniquement diminuer le taux de prélèvements obligatoires : comme on l'a vu ci-dessus, à partir du moment où le système de retraite n'est plus public mais privé, les cotisations retraite ne sont plus comptabilisées comme un prélèvement « obligatoire », mais comme une simple dépense ordinaire, semblable à l'achat d'une baguette de pain. Dès lors, les dirigeants peuvent à tout coup atteindre leur but, c'est-à-dire diminuer le taux — « officiel », serait-on tenté de dire — de prélèvements obligatoires et ce *même si le nouveau système se révèle plus coûteux pour la collectivité*, comme l'exemple de la comparaison des systèmes de santé français et américain l'illustre [IV, 14] [6]. Diminuer le taux de prélèvements obligatoires est donc la chose la plus facile du monde. Fournir à la collectivité au moindre coût les services de qualité dont elle a besoin en est une autre.

6. Dans ce cas, la privatisation fait alors doublement diminuer le taux de prélèvements obligatoires, puisque ceux-ci diminuent (les cotisations sont désormais « volontaires »), tandis que le PIB s'accroît, car il valorise d'autant plus les activités marchandes que celles-ci sont inefficientes [V, 19].

17 “Avec l’évolution démographique actuelle, un système public de retraites par répartition n’est plus tenable”

Stéphanie Laguérodie

« Il faut trouver, en 2020, 300 milliards de francs de plus qu’actuellement pour que le système par répartition puisse faire face à ses obligations [...]. Soit on demande 300 milliards de cotisations aux gens, soit on ne leur demande que 100 milliards et les 200 autres milliards, ce sont les marchés financiers du monde entier qui vous les donnent. »

Philippe DOUSTE-BLAZY, France Inter, 28 janvier 1999.

« Le système de retraites est menacé par les conséquences d’une nouvelle donne démographique. Il nécessite une réforme urgente. En l’absence de réforme, le poids des cotisations deviendrait trop lourd pour les actifs et le niveau des retraites ne serait pas suffisamment garanti. »

Site Internet de l’UMP [1]

Depuis que la « question des retraites » s’est imposée en France comme un enjeu politique, les argumentaires se sont développés et, qu’ils émanent du gouvernement ou du patronat, ils se concluent tous par la même certitude que les médias se chargent de traduire en une évidence : le système

1. Consulté le 10 mars 2002.

par répartition issu de la guerre est aujourd'hui inadapté et l'introduction de la capitalisation se révèle indispensable. Différents rapporteurs (Olivier Davanne pour le Conseil d'analyse économique en 1998 [2] et Jean-Michel Charpin pour le Plan en 1999 [3]) ont défendu cette idée, au motif que la capitalisation était plus efficace. Les responsables politiques, entre mutisme et inaction, semblent approuver la mesure. Les experts de tous bords (assurances, banques, etc.) favorables à la capitalisation ne sont pas en reste. Cet engouement n'est pas propre à l'Hexagone et n'est pas tout récent. Dès 1994, la Banque mondiale préconisait l'introduction de régimes complémentaires facultatifs [4]. Pourtant, la « solution » proposée est loin d'être convaincante.

La capitalisation ne résout pas le « choc » démographique

Rappelons que, dans un système de capitalisation, c'est l'épargne individuelle, accumulée au cours de la vie active, qui donnera droit plus tard à une retraite ; en contrepartie de cette épargne, l'organisme de placement verse au moment du départ en retraite l'intégralité du capital épargné plus les intérêts, ou bien des rentes régulières. Le droit à la retraite est ainsi un droit financier, il dépend des titres détenus par l'individu. Dans un système par répartition, un prélèvement est effectué d'office sur les salaires des actifs (c'est une partie des cotisations sociales) afin de payer les pensions des retraités *actuels*. C'est un principe de solidarité intergénérationnelle, garanti par l'État, qui assure à chacun, à condition d'avoir cotisé un certain temps, qu'il disposera bien d'une retraite.

Les deux systèmes diffèrent donc quant à leur principe fondateur, mais en dépit de cette différence, ils ont un point commun fondamental : *dans tous les cas, à tout moment, ce*

---

2. Olivier DAVANNE, Jean-Hervé LORENZI et François MORIN, *Retraites et épargne*, Rapport du CAE, n° 7, La Documentation française, Paris, 1998.
3. Jean-Michel CHARPIN, *L'Avenir de nos retraites*, Rapport au Premier ministre, La Documentation française, Paris, 1999.
4. Voir BANQUE MONDIALE, *Policy Research Bulletin*, 5e volume, n° 4, 1994.

sont les revenus des actifs qui financent les revenus des inactifs (les retraités). De même que c'est le revenu engendré aujourd'hui qui permet de financer les retraites d'aujourd'hui ; en 2020 et 2040, les retraités tireront leurs revenus d'un prélèvement sur le revenu national produit par les actifs *à ces mêmes dates*. En effet, les revenus (salaires, revenus du capital, etc.) ne se stockent pas, ils sont un flux de richesse sans cesse renouvelé.

Dans un régime de capitalisation, on n'accumule donc pas aujourd'hui de la richesse afin de payer les retraites de demain, comme on pourrait spontanément le croire. En effet, d'où proviendra, dans un tel régime, l'argent pour payer les pensions, par exemple des retraités de 2040 ? Il résultera de la vente des titres (actions, obligations) dans lesquels avait été investie l'épargne des individus au cours de leur période active. Mais qui achètera ces titres ? Ce ne pourra être que les actifs de 2040, qui vont donc, s'ils le souhaitent, placer leur épargne *à ce moment-là* sous cette forme par l'intermédiaire des fonds de pension ou des banques et des assurances [5].

Ce nécessaire financement des retraites par l'ensemble de l'économie au moment où elle les verse signifie que la part que les actifs doivent céder aux inactifs, pour un niveau de retraites donné, est la même quel que soit le système de retraite en vigueur. Et lorsque le rapport des inactifs aux actifs s'accroît, le maintien relatif du niveau des retraites implique une hausse de cette part. Dans le système de répartition, cette hausse implique une augmentation globale des cotisations. Dans un système de capitalisation, elle nécessitera une hausse globale de l'épargne des actifs en vue d'acheter les titres (actions, obligations, etc.) que les retraités vendent (par l'intermédiaire des organismes de placement) afin de pouvoir disposer d'argent liquide.

Dans tous les cas, si les actifs refusent d'épargner plus, la situation des retraités se dégradera. En capitalisation, ce refus se traduira de la façon suivante : au moment de la vente massive des titres financiers, les organismes de gestion des fonds

5. On voit tout l'intérêt des banques et des assurances au système de capitalisation, puisque dans ce système elles sont au centre du jeu, prélevant une commission sur la vente et sur l'achat de titres.

ne trouveront pas suffisamment de preneurs, c'est-à-dire d'épargnants, ce qui fera baisser les cours des titres, d'où résultera moins d'argent que prévu pour payer les pensions. L'idée que dans un système par capitalisation chacun épargnerait pour soi, donc que le problème démographique serait résolu, n'est donc pas soutenable logiquement. Dans tous les cas, on le répète, *les actifs paient pour les inactifs* (cotisations en répartition, épargne placée en capitalisation). Alors pourquoi la capitalisation continue-t-elle d'être présentée comme une solution ?

La capitalisation n'a pas un rendement supérieur

Le premier argument avancé par les tenants de la capitalisation est qu'elle permettrait des rendements supérieurs à ceux du régime par répartition. L'argument se fonde sur l'hypothèse de rendements boursiers, donc de rémunération des titres placés, pouvant atteindre en moyenne 6 % ou 7 % par an, alors que la croissance annuelle prévue du PIB (produit intérieur brut) par tête s'établit au mieux à 3 %. Les sommes épargnées par les actifs ayant un meilleur rendement, elles devraient permettre d'assurer un financement plus abondant des revenus des retraités et, à terme, de soulager le niveau de contributions nécessaire. Malheureusement, il n'en va pas ainsi.

D'abord, conformément à ce qui a été dit plus haut, même si le rendement des marchés financiers est important, il faudra bien quelqu'un pour racheter les titres, c'est-à-dire dégager de l'épargne supplémentaire vers ce type de titres. À moins qu'un cycle de croissance ne s'engage, permettant une hausse des revenus des ménages, et ainsi une hausse de leur épargne sans douleur, le problème initial reste entier. Or, il n'y a aucune justification économique pour supposer que la capitalisation produirait une accélération de la croissance [6]. Certains ont alors suggéré que le besoin d'épargne pourrait être comblé

6. Et si tel était le cas, cela résoudrait également le problème dans le cadre de la répartition.

par la population nombreuse des pays émergents, qui connaîtra un excès d'épargne (ils pourront donc acheter les titres détenus par les actifs actuels). Pour l'instant, cela n'est pas le cas, et miser à terme sur ce facteur, c'est implicitement faire dépendre nos retraites de la conjoncture de la Chine ou de la Malaisie. Il n'est qu'à se référer à la crise de 1997 pour apprécier l'enjeu...

Mais c'est l'hypothèse même d'un rendement supérieur de la capitalisation qui peut être mise en cause. Pour obtenir un fort rendement, il faut que la rémunération du capital soit durablement supérieure au taux de croissance de l'économie [7]. Or, plus la capitalisation se développe, au niveau national comme à l'étranger, plus il y a d'épargne qui s'offre sur les marchés financiers, et donc moins les rendements peuvent être élevés. En effet, si, au début, les fonds de pension (chargés de gérer les sommes épargnées) peuvent investir dans les secteurs les plus profitables, au fur à mesure que la capitalisation se développe et que la masse des fonds à placer augmente, les zones à haute rentabilité s'épuisent et les placements sont moins rémunérateurs. Dans une économie qui croît à 3 %, on ne peut avoir durablement des masses de capitaux rémunérés à 15 %. Aussi, les bulles boursières observées, alimentées par une rentabilité fictive, qui permettent de s'enrichir à court terme, sont toujours suivies de retournements brutaux ou de stagnation longue.

En outre, les placements boursiers sont risqués [V, 22] : on peut faire plus mal que le rendement moyen (si l'on a placé dans de mauvaises entreprises) et lorsque l'entreprise fait faillite, comme dans le cas d'Enron, le rendement est largement négatif puisque les salariés perdent tous leurs droits ! Et que font les fonds de pension lorsque les rendements attendus ne sont pas au rendez-vous ? Ils diminuent les retraites et refusent de s'engager sur des prestations définies (voir encadré).

7. Ce qui peut par ailleurs poser des problèmes redoutables en termes de déficits publics [IV, 15] et plus généralement de croissance [II, 6].

Le privé lâche les retraites britanniques [8]

« En 2001, les fonds de pension au Royaume-Uni ont enregistré en moyenne 10 % de pertes, selon le cabinet de consultants WM. Certains, comme Boots, la chaîne de pharmacies, ont sagement réinvesti leur tirelire en bons du Trésor. D'autres ont décidé de reporter le risque financier sur leurs employés. Des dizaines de grands groupes, tels que TSB, ICI, Lloyds, Whitbread, British Telecom ou Marks & Spencer, refusent dorénavant de s'engager sur le montant versé lors de la retraite et le font dépendre des performances financières du fonds. [...]

« De grandes compagnies d'assurances, comme Legal & General, Prudential, Standard Life et Equitable Life, ont envoyé des centaines de milliers de lettres pour encourager leur clientèle quinquagénaire à les quitter et à adhérer au régime complémentaire de la Caisse de sécurité nationale. Elles estiment que pour ce groupe d'âge la "seconde pension de l'État" est plus avantageuse que leurs contrats. "Nos calculs se basent sur l'évolution des taux d'intérêt et des marchés financiers", explique-t-on à l'Association des assurances britanniques. »

Un système par répartition peut encore exister !

Un autre argument invoque l'idée selon laquelle le système par répartition ne serait plus tenable, en raison du choc démographique. Le plus souvent, il s'agit moins d'un argument que d'une assertion, où l'on n'explique ni en quoi la capitalisation résoudrait les problèmes, ni en quoi la répartition ne serait plus viable : on semble plus pressé de l'enterrer que d'expliquer.

Il ne s'agit pas de nier le problème démographique. La génération du *baby-boom* va progressivement partir en retraite tandis que ses enfants, moins nombreux, fourniront moins d'actifs pour financer les pensions. Dans le même temps, la progression de l'espérance de vie allonge la durée des

8. *Libération*, 19 mars 2002.

versements. Le rapport inactifs sur actifs va donc se détériorer fortement à partir de 2015 et jusqu'en 2040. Pour faire face à cette évolution, dans un système par répartition, deux solutions sont envisageables : comme le total des cotisations dépend du nombre de cotisants, c'est-à-dire de gens qui travaillent, et du niveau moyen de cotisation, il faut soit plus de cotisants, soit des cotisations plus élevées.

Évidemment, plus il y a de chômage, moins il y a de cotisants, donc plus les actifs occupés doivent supporter une hausse de leur cotisation. Mais, en la matière, les perspectives ne sont pas aussi dramatiques qu'annoncées : même dans l'hypothèse d'une croissance faible, le maintien du niveau des retraites par rapport aux salaires (maintien du taux de remplacement actuel), couplé avec un recul de l'âge moyen de la retraite à 62,5 années (contre 57,5 aujourd'hui), nécessiterait une hausse des taux de cotisation de l'ordre de 8 points d'ici 2040 [9]. Ce qui est loin d'être insupportable et laisse une marge de croissance de 1,3 % par an pour les salaires nets [10]. Et ceux qui expliquent qu'il serait impossible d'augmenter les cotisations n'apportent aucune réponse à la question suivante : s'il manquera 460 milliards d'euros en 2040 pour verser les retraites (des retraités de 2040), d'où les jeunes actifs (de 2040) sortiront-ils cette même somme pour racheter pour 460 milliards d'euros de titres à leurs aînés partant à la retraite ?

Il existe donc des voies pour sauver le système par répartition : augmenter le taux de cotisation et, éventuellement, allonger l'âge de départ à la retraite [11], selon des modalités diverses [12]. Si l'on juge l'effort demandé aux actifs insupportable, il l'est autant dans un système que dans l'autre : la situation des retraités se détériorera dans les deux cas. Mais le fait

9. Voir Henri STERDYNIAK et Gaël DUPONT, *Quel avenir pour nos retraites ?*, La Découverte, coll. « Repères », Paris, 2000.

10. Voir Henri STERDYNIAK, « Retraites : le diable est dans les détails », *Lettre de l'OFCE*, n° 220, 11 avril 2002.

11. Ce qui implique pour les entreprises de revoir leurs pratiques massives de débauchage des plus de cinquante ans.

12. Voir pour approfondissement le premier rapport du Conseil d'orientation des retraites, remis le 6 décembre 2001.

important est que le mécanisme opère de façon beaucoup plus insidieuse dans un régime de capitalisation.

La capitalisation est opaque

Ce qui est généralement envisagé par les gouvernements est de mixer les deux systèmes, répartition et capitalisation (même aux États-Unis, où les deux régimes cohabitent). En France, il s'agirait de maintenir un régime de répartition avec des cotisations bloquées au niveau actuel, ce qui impliquerait, pour assurer l'équilibre des caisses, une baisse du taux de remplacement moyen (du salaire par la pension de retraite) de 71 % aujourd'hui à 43 % [13]. Cela signifie qu'un individu ayant terminé sa carrière avec un salaire mensuel de 1 500 euros (10 000 francs) percevra chaque mois 645 euros de retraite au lieu de 855 euros s'il prenait sa retraite aujourd'hui. Pour compenser cette diminution du niveau de vie, un système complémentaire par capitalisation serait développé.

Si la retraite complémentaire est facultative et repose sur la seule initiative des individus, seuls les actifs les plus aisés pourront dégager une épargne suffisante pour assurer leur retraite. Si elle est à l'initiative des entreprises, avec cotisation des salariés (et des employeurs) dans des fonds d'entreprise, de fortes inégalités apparaîtront entre les salariés des grandes entreprises qui pourront obtenir qu'une partie de leur hausse de salaire soit affectée au fonds, et les salariés des PME qui le pourront beaucoup moins. En fait, prôner la capitalisation comme supplétif au régime général (laissé en l'état) revient à se débarrasser du problème en acceptant implicitement un approfondissement des inégalités entre retraités.

Enfin, quelle que soit la forme du système par capitalisation, elle n'obère pas l'opacité fondamentale qui est au cœur de son fonctionnement : l'origine de son rendement. La répartition opère un prélèvement direct sur le travail. En capitalisation, l'objectif est d'obtenir les rendements les plus élevés, ce qui implique des modes de gestion (la fameuse *corporate*

13. Voir Henri STERDYNIAK et Gaël DUPONT, *Quel avenir pour nos retraites ?*, *op. cit.*

governance) défavorables aux salariés [I, 3]. Les intérêts des salariés (taux d'intérêt faible, sauvegarde des salaires et de l'emploi) et ceux des retraités (taux d'intérêt et profits élevés) deviennent alors opposés, créant une rupture implicite du pacte social. Mais qui fera le lien entre son licenciement et la retraite de ses parents ? Ainsi, la capitalisation rend le contrat entre les générations plus flou et par là constitue un obstacle à une solution politique du problème des retraites.

La capitalisation est coûteuse

Jusque-là, nous avons vu que, pour un niveau de retraite donné, la répartition et la capitalisation étaient équivalentes en terme de « contribution » (mais pas en termes de risques !), cotisation dans le premier cas, épargne dans l'autre. Mais c'était sans compter les coûts de gestion des deux systèmes.

Certes, un système par capitalisation peut être géré par un seul organisme, directement public, ou bien avec un monopole garanti par l'État. Le fonds de réserve créé par le gouvernement Jospin serait un avatar de ce fonctionnement. Mais dans la plupart des pays où la capitalisation a effectivement cours, elle repose sur un réseau d'organismes financiers privés en concurrence les uns avec les autres : banques, assurances, fonds de pension, etc., auprès desquels les individus déposent leur épargne, directement ou par le biais de leur entreprise. Et, comme ailleurs dans l'économie, la concurrence a des coûts [I, 2]. Coûts liés aux dépenses publicitaires des organismes de placement, coûts liés aux redondances des infrastructures de gestion et autres coûts administratifs : aux États-Unis, le Comité consultatif pour la Sécurité sociale a estimé que les coûts de gestion d'un système de capitalisation décentralisé (dans lequel les épargnants diversifient leur épargne dans plusieurs fonds) atteignaient, sur quarante ans de cotisations, environ 20 % de l'épargne accumulée par un actif sur sa carrière. En comparaison, la même estimation pour un système de gestion centralisé (un seul organisme) donne un montant de

2 %, *soit dix fois moins* [14]. Dans le premier cas, sur un euro épargné, vingt centimes sont « perdus » en coûts de gestion, contre seulement deux centimes dans le second. De quoi grignoter largement les éventuels rendements mirifiques (à court terme) de la Bourse !

Le moins que l'on puisse dire est donc que la capitalisation, dans sa forme la plus courante, celle d'un système concurrentiel et privé, est coûteuse. Elle se révélerait même particulièrement inefficace par rapport à un régime par répartition, dont l'organisation est nécessairement centralisée et gérée par le public ou le parapublic [IV, 14].

En conclusion, on peut retenir que la capitalisation fait supporter aux retraités un risque plus important sur le montant de leur retraite, et qu'elle se révèle plus inégalitaires qu'un système par répartition. Pourtant, différents responsables patronaux, politiques, et parfois même des intellectuels semblent faire fi de ces raisonnements.

14. Joseph STIGLITZ et Peter ORSZAG, *Rethinking Pension Reform. Ten Myths about Social Security System*, Banque mondiale, septembre 1999.

V

Un modèle de société pour demain

18 “L’efficacité économique est un préalable à la justice sociale”

Ioana Marinescu et Gilles Raveaud

« Les inégalités reflètent un système de rétributions et de pénalités conçu pour encourager l’effort [...]. La poursuite de l’efficacité crée nécessairement des inégalités. Et ainsi la société est confrontée à un arbitrage entre égalité et efficacité. »

Arthur OKUN, *Égalité* vs *efficacité. Comment trouver l’équilibre ?*, Economica, Paris, 1982.

« L’inégalité des revenus, dans une certaine mesure, est un facteur de l’enrichissement des plus pauvres et du progrès social. »

Philippe MANIÈRE, « Les vertus de l’inégalité », *Le Point*, 7 janvier 1995.

Un auditeur : « Pourquoi dire d’une entreprise qu’elle est la meilleure uniquement parce qu’elle vend moins cher ? Meilleur implique aussi des considérations sociales. »

Jean-Marc Sylvestre : « Il n’y a pas de progrès social sans progrès économique. »

France Inter, 3 novembre 1994 [1].

Il est aujourd’hui couramment admis que l’efficacité économique doit primer sur toute autre considération. En particulier, l’équité et la justice sociale devraient céder le pas à l’efficacité. Dans sa version la plus subtile, cet argument est

1. Cité par Serge HALIMI, *Les Nouveaux Chiens de garde*, Liber-Raisons d’agir, Paris, 1997, p. 48-49.

développé *au nom même de l'équité* : une plus grande efficacité conduisant à une amélioration du sort de tous, y compris des plus pauvres, il serait nécessaire, et juste, de *commencer* par accroître l'efficacité globale de notre société, *avant* de se préoccuper des questions d'équité. En somme, il faudrait commencer par produire le plus grand gâteau possible avant de se demander comment le partager.

Or il n'y a aucune raison de faire de l'efficacité une valeur en soi, avant toute autre considération. En particulier, il nous semble légitime de revendiquer que c'est la justice sociale, *dans un sens à définir*, qui doit guider les choix d'une communauté politique. Évidemment, tout dépend ce que l'on entend par une notion aussi vague que celle de « justice sociale »... Plutôt que de proclamer *ex cathedra* notre définition de la justice sociale, substituant ainsi une idée reçue à une autre, nous nous appuierons sur des enquêtes interrogeant les personnes sur ce qu'elles entendent par ce terme. Nous verrons alors qu'il est assez improbable que la mise en œuvre de la conception généralement partagée de la justice conduise à une moindre efficacité économique. *A contrario*, l'examen de la politique dite « de désinflation compétitive » menée en France dans les années 1980 nous permettra de mettre en évidence comment certaines politiques menées au nom de la poursuite exclusive de l'efficacité peuvent mener à la fois à l'injustice et... à l'inefficacité.

Le mérite justifie-t-il l'ampleur des inégalités existantes ?

Un certain nombre d'études empiriques ont été menées pour tenter de cerner ce qui semble juste à la plupart des gens [2]. On va ainsi leur demander quelle est selon eux la meilleure manière de distribuer, au sein de la société, des « ressources » rares et précieuses. Ces ressources peuvent

2. David MILLER, « Distributive justice : what the people think », *Ethics*, vol. 102, n° 3 (avril 1992), p. 555-593. Cet article est une revue exhaustive de la littérature sur la question. Dans la suite de la discussion, sauf mention contraire, nous tirons de cet article nos données sur les opinions évoquées.

évidemment être les revenus, mais aussi, par exemple, le prestige social. Les résultats de ces enquêtes montrent de manière convaincante que les individus ne recourent pas à un seul critère, par exemple l'égalité, ou l'efficacité, pour définir la juste affectation de ces ressources. Au contraire, ils ont de façon très générale une conception pluraliste de la justice, c'est-à-dire qu'ils font intervenir dans leurs jugements une multiplicité de critères. Parmi ces critères, les plus importants sont d'abord le mérite (ou l'effort, la contribution), puis le besoin [3].

« La justice selon le mérite », c'est-à-dire le fait de répartir les ressources uniquement en fonction du mérite des individus, pose un certain nombre de problèmes assez difficiles à résoudre. En effet, une telle justice suppose tout d'abord qu'on soit capable de distinguer entre ce qui relève de la responsabilité et de l'effort personnels, d'une part, et ce dont l'individu ne peut être tenu pour responsable, d'autre part. Prenons un exemple : Laurel et Hardy sont deux manutentionnaires. Ils sont aussi facétieux l'un que l'autre, mais Hardy est (exactement) deux fois plus fort que Laurel, de façon innée. Selon le principe de la justice au mérite, il suffit à Laurel de fournir le même effort que Hardy pour revendiquer un salaire égal au sien. La justice selon le mérite peut ainsi être résumée par le slogan « à effort égal, salaire égal », même si, évidemment, Hardy aura à la fin de la journée transporté deux fois plus de caisses que Laurel. Néanmoins, il est clair qu'il est généralement impossible pour l'observateur extérieur, l'employeur par exemple, de discerner précisément entre les caractéristiques personnelles dont on peut tenir l'individu responsable (typiquement, l'effort) et celles dont on ne peut raisonnablement le tenir responsable (le don, le talent).

C'est en partie pour cette raison qu'un second problème épineux se pose, qui est au centre de la théorie économique : c'est le problème dit « des incitations ». En effet, les rétributions (salaires, promotion, reconnaissance sociale, etc.) ne viennent pas seulement récompenser l'effort fourni par le passé, mais elles constituent également un encouragement à

---

3. La priorité donnée au mérite sur le besoin semble surtout le fait des citoyens américains (David MILLER, « Distributive justice : what the people think », *loc. cit.*, p. 587).

poursuivre les efforts *dans l'avenir.* Supposons en effet, toujours dans notre exemple, que l'employeur ne dispose d'aucun moyen pour savoir lequel est « intrinsèquement » le plus fort des deux[4]. Les manutentionnaires sont alors simplement payés au résultat. Hardy (le fort) pourra alors profiter de la situation, puisqu'en fournissant deux fois moins d'effort que Laurel, il charriera autant de caisses que lui, et pourra donc prétendre au même salaire. D'où l'idée qu'il faut payer davantage celui qui peut déplacer plus d'objets en un temps donné, que cette capacité vienne de ses caractéristiques innées ou de son effort personnel. En effet, on peut craindre que, sans cette incitation, les plus forts réduisent leurs efforts et que la société y perde.

Ces inégalités dues à l'effort sont-elles perçues comme injustes par les personnes interrogées ? Dans l'ensemble, non, à l'inverse d'autres formes d'inégalités, héréditaires, par exemple. Le problème est alors de savoir quel est le degré d'inégalité acceptable. Or en pratique, dans tous les pays où des enquêtes ont été menées, *les gens estiment qu'il y a trop d'inégalités* par rapport à ce qu'ils jugent juste. Par exemple, dans le cas français, les personnes interrogées pensent que les revenus des cadres supérieurs devraient baisser de 14,1 % et ceux des caissières de supermarché devraient augmenter de 31,9 %[5]. De plus, il est remarquable de noter que cette opinion moyenne est partagée par ceux qui perçoivent de hauts revenus : s'ils souhaitent une baisse un peu moindre du salaire des cadres supérieurs, ils souhaitent à peu près la même hausse du salaire des caissières. Il y aurait donc, en France, aujourd'hui, *trop d'inégalités* par rapport à ce que la plupart de nos concitoyens estiment juste.

Il semble donc que la majorité des gens verraient d'un mauvais œil une hausse des inégalités. Pourtant, de nombreux théoriciens ont avancé que la hausse des inégalités devait être

---

4. L'exemple peut sembler farfelu. Mais il suffit de penser à des compétences un peu moins observables que la force physique (l'habileté, la rapidité, voire les capacités intellectuelles, etc.) pour voir que ce cas est dans la réalité le cas général.

5. Chiffres cités par Thomas PIKETTY, « Attitudes towards income inequality in France : do people really disagree ? », *Document de travail Cepremap*, nº 9918, 1999, 27 p.

favorisée afin d’obtenir davantage de croissance. L’argument selon lequel il faudrait développer les inégalités résulte en partie d’un constat très simple : les États-Unis sont un pays plus inégalitaire que les pays européens et leur croissance est plus forte que dans ces pays. De ce constat relativement indiscutable si l’on s’en tient au seul indicateur du PIB, certains économistes sautent à la conclusion selon laquelle les inégalités auraient été *à l’origine* de cette croissance. Il faudrait alors également développer les inégalités en Europe afin de bénéficier d’une croissance aussi forte… même si le lien entre inégalités et croissance n’est pas explicité.

Une première faiblesse de cette argumentation est qu’elle n’est tout simplement pas vérifiée dans les faits. En effet, si l’on rapporte le degré d’inégalité des principaux pays de l’OCDE à leur croissance économique, on constate que de faibles niveaux d’inégalité peuvent tout à fait être associés à une forte croissance du PIB, comme dans le cas des Pays-Bas et du Danemark. Dans ces pays, non seulement cette relative égalité n’a pas empêché la croissance, mais, réciproquement, la croissance n’a pas mis à mal cette égalité, qui a perduré au cours des années 1990, notamment grâce à la forte diminution du chômage.

D’une façon générale, il faut prendre garde à ne pas identifier croissance du PIB et efficacité [V, 19]. En effet, l’efficacité, c’est-à-dire le bon usage des ressources disponibles, est plutôt mieux appréhendée grâce à la productivité, qui mesure le rapport entre le produit et les ressources utilisées pour le fabriquer. Or, de ce point de vue, il est intéressant de relever que si la productivité horaire américaine est bien supérieure à celle du Danemark et de la Suède, elle est équivalente à celle de l’Allemagne (de l’Ouest) et des Pays-Bas, où les gens travaillent beaucoup moins et où les inégalités sont moins fortes. Si les États-Unis ont connu une forte croissance au cours des années 1990, ce n’est donc pas « grâce » au développement des inégalités, mais, notamment, du fait de l’allongement de la durée de travail des salariés [V, 20]. Empiriquement, il n’y a donc pas de raison de penser que le développement des inégalités est une bonne chose pour la croissance.

Faut-il sacrifier les besoins des plus défavorisés à l'efficacité économique ?

Nous avons vu que les gens considèrent que les ressources rares et précieuses doivent être distribuées (en partie) selon le mérite. Mais une autre justification avancée par les personnes interrogées est la prise en compte du *besoin*. Or, là encore, certains craignent que ce souci de justice ne menace l'efficacité économique. En effet, les gens dans le besoin ne méritent peut-être pas vraiment d'être aidés, par exemple parce qu'ils n'ont pas envie de travailler : dans ce cas, les aider, c'est les inciter à la paresse. C'est tout le débat sur les minima sociaux [III, 13].

Mais ces craintes ne semblent pas justifiées. En effet, les pays qui ont une protection sociale plus large, et où les taxes sont plus élevées qu'ailleurs, n'enregistrent pas des performances économiques moindres ; au contraire, le PIB/habitant y est plus élevé qu'ailleurs. En revanche, ces pays sont réellement plus efficaces que les autres dans la lutte contre la pauvreté.

Cela s'explique notamment par le fait qu'il semble que l'effet d'une hausse de l'impôt sur le revenu sur le travail fourni par les populations imposées soit négligeable contrairement à ce qu'avancent certains économistes célèbres (IV, 14]. Ainsi, en France, la création d'une tranche d'impôt sur le revenu à 65 % applicable à partir de 1982 n'a eu *aucun effet désincitatif* sur la population concernée [6]. De même, l'OCDE (1997), passant en revue l'ensemble de la littérature sur le sujet, montre que la taxation influe très peu sur le comportement des gens, qui ne se mettent pas à travailler moins lorsque l'impôt sur le revenu augmente. En fait, il n'est pas du tout impossible que le fait que les revenus du travail soient taxés incite même certaines personnes à travailler *plus*, afin de maintenir le niveau de leur rémunération après impôt [7].

Il apparaît donc que l'efficacité économique ne peut pas être considérée en toute généralité comme un facteur limitatif

---

6. Thomas PIKETTY, *Les Hauts Revenus en France au XXe siècle*, Grasset, Paris, 2001.

7. Il est d'ailleurs remarquable que la théorie économique dominante est parfaitement muette sur la question. Selon cette théorie, en effet, une hausse des

de la justice sociale. Pourtant, au nom de cette efficacité, des politiques ont été soutenues qui ont de fait remis en cause la justice sociale : c'est le cas des politiques menées en France depuis le début des années 1980, sur lequel nous allons nous pencher à présent.

Accroître les profits aujourd'hui, et l'emploi demain ?

Suite à la crise des années 1970, la part des profits dans la richesse dégagée par les entreprises, mesurée par leur « valeur ajoutée », s'est dégradée. La rentabilité des entreprises a en effet diminué suite à la hausse du prix du baril de pétrole et aux hausses de coûts qui sont ensuivies dans tous les secteurs de l'économie. Ces hausses de coûts ont à leur tour alimenté des revendications salariales, les salariés ne voulant pas voir leur pouvoir d'achat rogné par l'inflation. Les salaires augmentant plus vite que les recettes des entreprises, celles-ci ont dû consentir à diminuer la part des profits dans la valeur ajoutée.

Un consensus s'est alors formé, tant parmi les économistes que parmi les hommes politiques, pour dire qu'il était nécessaire de remonter le niveau des profits. En effet, de forts profits aujourd'hui devaient permettre de forts investissements demain, susceptibles de créer de nombreux emplois après-demain. Or le moyen le plus simple de faire croître la part des profits dans la valeur ajoutée était de faire en sorte que les profits augmentent plus vite que les salaires. C'est pourquoi, dans le cas de la France, le ministre des Finances de l'époque, Jacques Delors, a décidé en 1983 de mettre fin à l'indexation des salaires sur la hausse des prix (l'inflation). Il s'agissait sans le dire de rogner le pouvoir d'achat des salariés afin de faire croître les profits, mais ces profits devaient

---

impôts peut soit conduire à une baisse de l'activité, si les gens estiment qu'elle n'en vaut plus la peine, soit au contraire à une hausse, si les individus tentent de compenser le manque à gagner par un surcroît de travail. Il est donc fallacieux de l'invoquer pour justifier des baisses d'impôt au nom du gain d'activité qu'elles entraîneraient nécessairement, puisque ces baisses peuvent très bien, selon cette même théorie, inciter des individus à travailler moins [IV, 16].

ensuite être utiles à la collectivité sous la forme d'investissements productifs. Une inégalité entre salariés et propriétaires de capitaux était donc tolérée, voire souhaitée, mais cela devait être au service d'une plus grande efficacité collective future. Cette politique dite « de modération salariale » a réussi au-delà de toute espérance, puisque la part des salaires dans la valeur ajoutée des entreprises est passée en une décennie de 68 % à 58 % environ (et donc les profits de 32 % à 42 %), ce qui est sans précédent historique [II, 6].

Mais que sont devenus ces profits ? C'est là que l'histoire s'est mal terminée. Les entreprises ont majoritairement placé les profits accumulés sur les marchés financiers, ce qui a alimenté la hausse des cours boursiers, l'indice CAC 40 de la Bourse de Paris voyant sa valeur *tripler* entre 1980 et 1988 [8]. Or si les entreprises ont préféré la Bourse aux investissements « réels » (machines, bâtiments, recherche et développement...), c'est parce que ces derniers offraient des perspectives de rendements très faibles. Pourquoi ? Sans doute parce que les salaires augmentant peu, voire pas du tout, les salariés n'avaient pas les moyens d'acheter plus que ce qu'ils consommaient déjà. La demande stagnant, les entreprises ne voyaient pas de raison d'accroître leur offre et donc d'investir. On peut donc dire que cette politique a été au total inefficace, au sens où elle n'a pas permis la meilleure utilisation possible des ressources disponibles. Celles-ci se sont en effet détournées des besoins collectifs vers l'accumulation boursière, en contradiction sans doute avec ce qu'auraient souhaité la majorité des Français, s'ils avaient eu la possibilité d'organiser ces choix.

Du risque de prendre les moyens pour des fins

Au total, les années 1980 se sont soldées pour la France par des taux de chômage jusque-là inconnus, au-delà de 12 %. Les

8. L'indice CAC 40 a été créé en 1988, avec une base fixée à 1 000 points le 31 décembre 1987. Au 1er janvier 1998, il valait environ 3 000 points. Et ce avant la bulle spéculative liée à l'Internet, qui allait le porter à quasiment 7 000 points en septembre 2000 [V, 22].

sacrifices consentis par les salariés, dont les salaires stagnaient, n'ont pas trouvé leur contrepartie en terme de bien-être général. Dès le milieu des années 1990, de nombreuses voix se sont élevées pour dire que la modération salariale, si elle avait pu avoir un sens à une certaine époque (le début des années 1980, en gros), notamment afin de mettre fin à la hausse de l'inflation, devait être abandonnée afin de redonner du pouvoir d'achat aux salariés.

Mais ces voix n'ont pas été écoutées : il fallait toujours moins de salariés, toujours plus de profits, dans une course folle à la rentabilité maximum. L'objectif final de stimulation de l'investissement, et donc de la croissance, a été perdu en cours de route. Seule est restée l'idée qu'il fallait à tout prix minorer la part des salaires dans la valeur ajoutée des entreprises, c'est-à-dire concrètement embaucher le moins de personnes possible, et les payer le moins cher possible. Entre-temps, l'efficacité, entendue au sens de diminution des coûts salariaux, était devenue une fin en soi, et non plus simplement un moyen d'accroître le bien-être de tous. Mais comment ne pas perdre de vue les buts initialement poursuivis, quand ceux-ci sont aussi éloignés des moyens utilisés pour les atteindre ?

Le second acte de ce drame est en train de se dérouler sous nos yeux. Puisque la politique précédente n'a pas donné les résultats escomptés, il faut trouver d'autres moyens de « stimuler » la croissance. Pour certains, une telle stimulation exige la baisse des prélèvements obligatoires [IV, 16]. Pour d'autres, ce sont essentiellement les récompenses de ceux qui font « tourner l'économie », notamment les dirigeants d'entreprise, qu'il faut accroître, puisqu'ils le méritent bien [V, 21]. Au nom de l'« efficacité », la contribution de chacun à l'économie de marché devient l'unique critère d'une juste répartition des ressources dans la société. Et cela au mépris des principes de justice revendiqués par les citoyens, et alors même que les faits indiquent qu'on peut parfaitement concilier efficacité et justice sociale. L'économie est peut-être bien devenue plus « efficace » ; mais une efficacité pour qui, pour quoi ?

19 “Le PIB est un indicateur satisfaisant du progrès du niveau de vie d’une société”

Olivier Vaury

« Douzième sur quinze ! Dans l’avion qui le transporte vers Stockholm, pour un sommet européen, en mars 2001, Jacques Chirac n’en croit pas ses yeux : dans l’Union, seuls les Grecs, les Portugais et les Espagnols produisent moins de richesse par habitant que les Français. [...] Médusé, le président français demande à Bercy de faire une étude sur le sujet [...]. Bercy estime que “les gens qui s’inquiètent du déclin ont raison”. »

« Un palmarès de la richesse met la France en queue de peloton », *Le Monde*, 15 janvier 2002.

La centralité du PIB dans l’actualité économique

Chaque année, voire chaque trimestre, les « chiffres de la croissance » synthétisent le progrès de l’économie. Malgré les commentaires abondants (économistes, femmes et hommes politiques, journalistes...), on n’a en général de cette « croissance » qu’une connaissance très limitée : on sait ce que c’est... tant qu’on ne le nous demande pas ! Et pourtant, elle constitue une sorte de thermomètre de notre économie, l’indicateur qui sert à piloter les politiques économiques et à les comparer à celles des autres pays.

Lorsqu'on dit que « l'économie française a connu une croissance de 2 % en 2001 », de quoi exactement mesure-t-on la croissance ? Habituellement, il s'agit du produit intérieur brut (PIB), c'est-à-dire de l'ensemble des biens et services, essentiellement marchands, produits sur le territoire économique national. Est-ce suffisant pour évaluer la santé économique d'un pays ? L'objectif de la présentation qui suit est de montrer que :

— le PIB néglige une partie très importante de la richesse économique produite ;

— il inclut des éléments qui ne participent pas nécessairement à l'amélioration du niveau de vie de la population ;

— son utilisation fausse les choix politiques ;

— son utilisation rend les comparaisons internationales biaisées.

Quelques éléments de solution seront alors évoqués.

Les oubliés du PIB

« Épousez votre femme de ménage, et vous ferez baisser le PIB... » Derrière cette remarque étrange d'Alfred Sauvy, grand économiste du milieu du XXe siècle, on trouve l'une des plus graves insuffisances du PIB : cet agrégat, censé représenter la santé de l'économie, voire pour certains le bien-être de la société, exclut tout ce qui est produit hors de la sphère marchande. On peut regrouper les « oublis » du PIB en trois catégories principales :

— le travail domestique : « épouser sa femme de ménage », c'est faire passer un service (le nettoyage de l'appartement ou de la maison) de la sphère marchande à la sphère domestique. *A priori*, cette « opération » ne modifie pas le bien-être de la population ; elle fera néanmoins diminuer le PIB, puisque le travail domestique ne s'échange pas sur un marché. Or il est clair que le travail domestique représente une part considérable de la richesse produite chaque année dans une économie : on estime ainsi que le temps passé par les Français adultes au travail domestique représente 17 %

de plus que le temps passé au travail rémunéré [1]. Selon les méthodes d'évaluation, la production domestique représenterait de 37 % à 77 % du PIB [2] ;

— le travail bénévole : de même que l'on travaille pour soi ou pour son foyer en dehors du travail rémunéré, on travaille aussi pour les autres. Pourquoi confier son ordinateur défectueux à un professionnel si le voisin ou le beau-père peut se charger de la réparation, gratuitement et avec plaisir ? On oublie vite qu'une société où le travail bénévole est ainsi développé connaîtra probablement un niveau de bien-être supérieur aux autres [3], mais que cet avantage ne se traduira pas nécessairement par un PIB plus élevé ;

— les services non marchands : comment mesurer la valeur ajoutée par une administration publique ? Par les services des eaux et forêts, de l'équipement, etc. ? Dans la mesure où les services rendus par les administrations publiques ne sont achetés par personne, ils ne peuvent être évalués comme les autres. La comptabilité nationale a choisi de les évaluer à leur coût (salaires versés + consommations intermédiaires + consommation de capital fixe, c'est-à-dire l'amortissement). Si l'on se souvient que la valeur ajoutée d'une activité se mesure en retranchant à la valeur de la production les consommations intermédiaires, la valeur ajoutée par les administrations se réduit donc *grosso modo* aux salaires versés à leurs fonctionnaires augmentés de l'amortissement, et non à la somme des salaires, des amortissements et des profits comme c'est le cas pour les entreprises. Ce qui implique que l'apport des activités marchandes à l'économie sera systématiquement surévalué par rapport à celui des services non marchands. Par ailleurs, les flux gratuits de services résultant des investissements publics (routes et parcs publics, etc.) n'apparaîtront pas dans le PIB (encore une fois, personne ne les achète), contrairement à leurs équivalents privés (route privée à péage, parcs d'attractions, etc.).

1. Jean-Paul PIRIOU, *La Comptabilité nationale*, La Découverte, coll. « Repères », 12e éd., Paris, 2003.

2. A. CHADEAU et A. FOUQUET, « Peut-on mesurer le travail domestique ? », *Économie et Statistique*, nº 136, septembre 1981.

3. « Toutes choses égales par ailleurs », comme disent les économistes, c'est-à-dire en ne s'intéressant qu'à cet aspect des sociétés comparées.

Ce que le PIB devrait oublier

« Brûlez Paris, et vous ferez augmenter le PIB. » Il est possible de montrer que le PIB n'est pas assez restrictif lorsqu'il s'agit d'évaluer la performance d'une économie ; et ce pour une raison simple : il ne considère que des « valeurs ajoutées », que des sommes positives. Il oublie donc que la production est aussi destruction, de ressources naturelles et humaines. Certes, le PIB est obtenu en retranchant à la production (par exemple de voitures) l'ensemble des *produits intermédiaires* utilisés ou consommés pendant le processus de production (caoutchouc pour les pneus, métaux pour la carrosserie, etc.). Mais il néglige la consommation de *patrimoine* naturel ou humain, ou plutôt inclut des valeurs qui devraient être diminuées de la consommation de capital naturel ou humain (la « destruction de Paris ») :

— patrimoine naturel : le PIB inclut des activités économiques qui sont sources de pollution, c'est-à-dire des activités qui utilisent le capital naturel de la planète (air pur, etc.), sans que cela apparaisse dans leurs coûts. Il est évidemment malaisé de déterminer combien cela « coûte » à la collectivité (il n'y a pas — encore — de prix du mètre cube d'air pur !) ;

— patrimoine humain : de même qu'une économie peut avoir un PIB élevé, ou croître très rapidement, tout en détruisant ses ressources naturelles, elle peut le faire en épuisant sa population ; les Britanniques ont un PIB par habitant proche de celui des Français, mais ils l'obtiennent en travaillant 25 % d'heures en plus. Un constat similaire peut être fait dans le cas des États-Unis [V, 20]. Dans ce cas, un PIB élevé aujourd'hui peut n'être que l'annonce d'un bien-être moindre aujourd'hui et d'un PIB plus faible demain (arrêts maladie...).

D'une manière générale, le PIB inclut certaines activités économiques qui ne viennent que compenser les effets négatifs de l'évolution de la société : les cabinets d'avocats font actuellement fortune, profitant d'une judiciarisation des relations sociales, surtout dans le monde anglo-saxon. Mais peut-on considérer raisonnablement que plus de procès signifie un niveau de vie meilleur ? De même, plus d'opérations chirurgicales (« compensant » des accidents de la route, des accidents du travail, la consommation d'alcool ou de tabac...), plus de prisons (aux États-Unis, les entreprises carcérales privées prospèrent et entretiennent le PIB du pays), plus de polices privées, plus de publicité signifie-t-il plus de richesses pour la société en question ? Évidemment non ! Mais ces activités contribuent néanmoins à « doper la croissance ». Comme le souligne Dominique Méda, « une partie de notre richesse [telle que mesurée par le PIB] est issue de la réparation des dégâts que provoquent les simples actes de vivre et de produire [4] ». Elle poursuit en expliquant que ce paradoxe est dû à l'impossibilité d'établir une comptabilité nationale patrimoniale, qui prendrait en compte les flux négatifs comme les flux positifs.

Le PIB contre les choix politiques

Lorsqu'on tire les leçons de tous ces exemples, on arrive vite à la conclusion que certaines évolutions sociales favorisent plus que d'autres l'augmentation du PIB. Les inégalités économiques, par exemple, créent des activités qui n'existent pas dans les sociétés peu inégalitaires (sécurité privée, système carcéral développé...). La « marchandisation » d'une société est par définition le transfert d'activités économiques de la sphère non marchande à la sphère marchande : elle est en elle-même source d'un PIB plus élevé, sans augmentation du niveau de vie *a priori* [IV, 14]. Il y a donc fort à parier que ces évolutions soient perçues favorablement par ceux qui pilotent les politiques économiques et sociales et qui seront jugés en grande partie sur les « chiffres de la croissance ».

Il devient alors très difficile d'opérer de véritables choix de société, qui ne soient pas guidés par l'unique poursuite de la croissance du PIB. Le PIB, qui ne devait être qu'un moyen de l'augmentation du niveau de vie, est devenu la finalité de nos politiques. Son utilisation quasi exclusive par les

4. Dominique MÉDA, *Qu'est-ce que la richesse ?*, Flammarion, coll. « Champs », Paris, 1999, p. 58. Pour une vue exhaustive de tous les problèmes soulevés par le PIB comme indicateur, on consultera la somme incontournable d'André VANOLI, *Une histoire de la comptabilité nationale*, La Découverte, coll. « Guides Repères », Paris, 2002.

La filière « obésité »

Un des exemples les plus frappants des limites du PIB pris comme indicateur du niveau de vie est celui de l'obésité. L'obésité n'est pas qu'une pathologie, c'est aussi une prodigieuse source de croissance, et pas seulement pour l'industrie agroalimentaire :

— aux États-Unis, les entreprises du secteur alimentaire dépensent chaque année 20 milliards de dollars en publicité pour convaincre la population de manger plus ;

— malheureusement, ces efforts sont récompensés et, chaque jour, un quart des Américains fréquentent un fast-food, et y dépensent 110 milliards de dollars par an ;

— le nombre d'Américains ne pouvant prendre place dans un fauteuil d'avion (pour cause d'obésité, pas de pauvreté...) a augmenté de 350 % ces trente dernières années ; du coup, les Américains dépensent chaque année de 30 à 50 milliards de dollars en produits amincissants ;

— mais tous ne parviennent pas à perdre le poids « gagné » dans les fast-foods et les dépenses médicales associées à l'obésité (crises cardiaques, diabètes...) s'élèvent à plus de 50 milliards de dollars par an.

Ces dépenses, considérables, viennent toutes alimenter le PIB américain. D'où l'interrogation de l'un des animateurs de l'association américaine Redefining Progress : « If the GDP is up, why is America down[5] ? »

Source : Redefining Progress, <http://www.rprogress.org>.

gouvernements peut donc se révéler nuisible : ils feront les choix qui font augmenter le PIB, et pas ceux qui augmentent le bien-être de la population.

Jean-Paul Piriou note ainsi que « cette omniprésence envahissante des informations économiques quantitatives peut avoir des effets pervers redoutables : faute d'en saisir le sens et la portée, nous sommes conduits à nous en désintéresser et à considérer que les données économiques sont réservées aux

5. « Comment se fait-il que l'Amérique régresse alors que le PIB progresse ? »

"experts". Cette attitude tout à fait compréhensible s'accompagne alors, souvent, soit d'un scepticisme désabusé [...], soit d'une fétichisation du chiffre et d'un abandon de tout esprit critique [6] ». Le rapport de Patrick Viveret, *Reconsidérer la richesse* [7], commandé en 2001 par l'ancien secrétaire d'État à l'Économie solidaire, Guy Hascoët, affirme que « les formes actuelles de comptabilisation de la richesse ont ainsi pour effet d'accorder une sorte de prime à la destruction et à la réparation lourde, au détriment de la prévention et de réparations moins coûteuses si la "casse" écologique, sociale ou sanitaire était moins importante ». Les remarques précédentes sur les insuffisances du PIB comme mesure de la richesse économique nous rappellent que le PIB n'est qu'un produit social, qu'à ce titre il n'est pas neutre, et qu'il ne doit en aucun cas se substituer à une réflexion sur ce qu'est une bonne société.

Peut-on comparer les PIB ?

En 2002, une polémique sur le prétendu « déclin économique de la France », déclenchée à la suite de la publication par Eurostat (l'office statistique de l'Union européenne) de l'évolution des chiffres du PIB par habitant dans l'Union européenne [8], a relancé le débat sur la pertinence des comparaisons internationales de PIB. Quel sens y a-t-il à se servir du PIB comme étalon des comparaisons internationales, s'il est loin de refléter les performances, mêmes économiques, d'un pays ? Le problème est double, car le PIB manque, comme on l'a vu, doublement de pertinence :

— comment comparer des économies au degré de marchandisation différent ? En opérant cette comparaison à partir du PIB, on compare en fait deux réalités peu comparables. Imaginons une économie dont la production domestique (ménage, cuisine, garde d'enfants, etc.) passe désormais par le

6. Jean-Paul PIRIOU, *La Comptabilité nationale*, *op. cit.*

7. Que l'on peut télécharger (ainsi que consulter les intéressants débats auxquels il donne lieu) à cette adresse : <http://www.place-publique.fr/esp/richesse/>.

8. Voir par exemple Jean-Paul PIRIOU, « Le "recul" du PIB français, une erreur », *Le Monde*, supplément Économie, 30 avril 2002.

marché [9] : à prestations de services identiques, elle aura mécaniquement un PIB plus élevé qu'une économie qui continue de produire ces services dans la sphère domestique. Plus généralement, une économie plus « marchandisée » aura *a priori* un avantage structurel (en terme de PIB, bien sûr...) sur une économie qui l'est moins. Comparer les PIB revient ainsi à comparer la production d'automobiles d'un pays à la production d'automobiles *et* de services domestiques d'un autre, ce qui n'a aucun sens ;

— comment comparer des économies dont la production engendre des « dégâts » différents ? Comme nous l'avons vu, une partie de la « production de richesses » n'est en fait que la contrepartie d'une diminution de ces richesses (naturelles, humaines...), qui ne passe pas par la sphère marchande et n'est donc pas comptabilisée par le PIB (accidents de voitures, maladies liées à un mode de vie malsain, délinquance, pollution...). Une économie destructrice de richesses ne voit pas son PIB diminuer. Au contraire, puisque seules les quantités positives sont comptabilisées, son PIB aura plutôt tendance à augmenter. Une économie qui développe des relations sociales harmonieuses et « produit » moins de délinquance ne verra pas émerger l'arsenal répressif et préventif que connaissent les économies très inégalitaires : elle sera donc pénalisée en terme de PIB !

À ces problèmes d'interprétation du PIB s'ajoutent des difficultés techniques : pour comparer les PIB, il convient d'avoir un étalon de mesure commun, en général une monnaie (le dollar américain par exemple). Mais les taux de change entre les monnaies nationales et cet étalon monétaire peuvent varier considérablement au cours du temps. Entre le lancement de l'euro (janvier 1999) et octobre 2000, la monnaie européenne a par exemple perdu environ 30 % de sa valeur : doit-on considérer que le PIB des pays européens a aussi perdu 30 % ?

Autre problème : un dollar n'achète pas la même quantité de biens et services aux États-Unis et en Chine. Il faut donc réviser les comparaisons en fonction du pouvoir d'achat de

9. Ce qui est le cas d'une manière générale dans les pays anglo-saxons [III, 12].

l'étalon utilisé dans les économies dont on compare les PIB. Les économistes ont ainsi introduit la notion de « parité de pouvoir d'achat » (PPA) : on définit un panier de biens commun censé représenter l'économie et on en détermine le prix en monnaie locale, puis on le convertit dans l'étalon choisi (en général le dollar). Si par exemple le panier coûte l'équivalent de 100 dollars en Chine et 300 dollars aux États-Unis, on multipliera par trois le PIB chinois calculé en dollars pour pouvoir le comparer au PIB américain. Mais ce n'est en fait pas si simple : chaque pays produit et consomme des biens et services très différents, ce qui confère au panier choisi une nature plutôt arbitraire. En outre, les traditions et méthodes de mesure varient d'un pays à l'autre [10]. Les comparaisons internationales de PIB soulèvent ainsi des difficultés de mesure encore plus importantes que le calcul du PIB au niveau simplement national (problèmes d'évolution de la structure de l'économie au cours du temps, calcul de l'indice des prix, etc.).

Paradoxalement, c'est surtout pour analyser la situation des pays les moins développés que l'on a recours à des indicateurs plus fins de développement, comme l'indicateur de développement humain (IDH), construit par le Programme des Nations unies pour le développement (PNUD). Celui-ci inclut le PIB par habitant mais aussi l'espérance de vie, le taux de scolarisation et le niveau d'alphabétisation, c'est-à-dire des indicateurs qui approchent plus finement les conditions de vie de la population. L'introduction de l'IDH pour l'évaluation des politiques publiques menées dans les pays pauvres reposait sur l'insuffisance d'une évaluation par le simple PIB par habitant. Mais comme on a pu le voir plus haut, cela vaut également (voire encore plus) pour les pays développés : il se trouve que les pays les plus « marchandisés » sont en général ceux dont l'économie produit le plus de nuisances, et donc ceux pour lesquels le niveau de vie ne peut pas être appréhendé par le PIB. Le rapport Viveret cité plus haut préconise d'ailleurs que le Programme des Nations unies pour le développement rédige un rapport français et un rapport européen sur le développement humain, comme il le fait pour les pays pauvres.

---

10. Par exemple, les méthodes de relevés de prix.

Les solutions envisageables

Certains ont proposé la construction d'un indicateur concurrent, prenant en compte les insuffisances du PIB, donc retranchant du PIB officiel les valeurs « ajoutées » qui n'en sont pas (prisons, frais judiciaires, activités polluantes, etc.) et ajoutant les valeurs ajoutées produites hors de la sphère marchande (travail domestique ou bénévole). C'est ainsi que le *Genuine Progress Indicator* (« Indicateur de progrès réel »), calculé par Redefining Progress, stagne au cours des vingt dernières années aux États-Unis, alors que le PIB « standard », lui, a presque doublé.

L'inconvénient de ce type de démarche réside, outre les difficultés techniques de mesure, dans le recours à des choix qui deviennent vite arbitraires lorsqu'il s'agit de décider ce qu'on inclut et ce qu'on exclut de l'indicateur. Par exemple, doit-on exclure la production de soins pour les maladies « évitables » et liées à un mode de vie malsain (comme la « filière obésité ») au prétexte qu'elle n'est que la contrepartie de ce mode de vie, ou plutôt l'inclure puisque, sans elle, la population s'en trouverait plus mal ? De même, doit-on exclure les dépenses judiciaires liées aux divorces, sous prétexte que les divorces ne sont que la conséquence de la dégradation des relations sociales, ou plutôt les inclure, la possibilité de divorcer constituant une avancée sociale importante pour la condition des femmes ?

Il est sans doute préférable de renoncer à un indicateur global alternatif au PIB, pour privilégier au contraire l'utilisation de sous-indicateurs sectoriels qui reflètent plus fidèlement la « performance » de l'économie dans un domaine particulier. Ainsi, au Royaume-Uni, les dysfonctionnements du système de santé sont tels que l'un des indicateurs les plus utilisés dans le débat politique est le temps d'attente moyen pour une opération chirurgicale. Ce qui importe le plus, en effet, ce n'est pas le PIB engendré par une économie, mais plutôt les conditions de vie réelles de la population, mesurées par l'« espérance de vie en bonne santé » (calculé par l'Organisation mondiale de la santé, OMS [11]).

---

11. Le PIB est en effet incapable de mesurer fidèlement la qualité des biens, et encore moins des services, produits. Voir, sur ce point, Jean GADREY, « Halte à la dictature du PIB ! », *Le Monde*, 23 janvier 2002.

L'accès aux ressources de base, le temps de loisir, le temps passé dans les transports pour atteindre le lieu de travail, la qualité de l'air respiré, le niveau d'équipement des ménages… Les classements selon ces indicateurs plus spécifiques bouleversent souvent l'ordre établi par les comparaisons de PIB : le système de santé américain est ainsi classé soixante-douzième mondial par l'OMS, dans un rapport paru en juin 2000 alors que la France est classée quatrième et Cuba trente-sixième [IV, 14]. Il est par ailleurs important d'utiliser ces indicateurs sous une forme qui prenne en compte les inégalités, ce qui n'est pas le cas du PIB par habitant, valeur moyenne : le taux d'équipement des ménages (en ordinateurs, appareils électroménagers, etc.), c'est-à-dire la part des ménages disposant de l'équipement en question, en dit bien plus sur le niveau de vie global du pays que le PIB par habitant. Le Zaïre de Mobutu avait un PIB par habitant tout à fait honorable pour l'Afrique, mais seuls Mobutu et ses proches étaient « équipés ».

20 « La croissance états-unienne des années 1990 a battu tous les records et c'est génial »

Sylvain Billot et Aurélie Pinto

« Aux États-Unis aujourd'hui et chez nous demain, le développement des services et des nouvelles technologies crée une multitude d'emplois : les frontières de la croissance sont repoussées à l'infini. Comme chez Microsoft, la rémunération des salariés inclut des actions de l'entreprise et une participation aux bénéfices, diffusant un sentiment de richesse dans la population, ce qui soutient la croissance. »

François LENGLET et Laurence VILLE,
« Voici venu le temps de la croissance sans limites »,
L'Expansion, n° 589, 21 janvier 1999.

« Aussi faut-il accélérer ce mouvement afin d'arriver à ce nouvel âge de l'économie mondiale que certains économistes commencent à décrire dans des revues savantes, un âge où l'innovation stimule de façon permanente la productivité et où elle est à la source d'une création ininterrompue de richesses et d'emplois. »

Claude ALLÈGRE, 3 juin 1999,
déclaration à l'Assemblée nationale.

« Le constat est simple à dresser : la nouvelle économie existe. Elle est une réalité, une évidence qu'il faut s'efforcer de comprendre, plus que de contester. Nous sommes en effet à l'aube d'un nouveau monde, d'une nouvelle ère, d'une nouvelle révolution industrielle qui induit de nouveaux comportements et de nouveaux raisonnements. »

Christian PONCELET, 3 juin 2000, message au Sénat.

Les prophètes du *New Age* américain y détectaient les balbutiements d'une nouvelle longue phase mondiale de croissance. Mieux, on célébrait la naissance d'un capitalisme harmonieux, associant croissance forte et inflation quasi nulle, grâce aux miracles conjugués des NTIC (nouvelles technologies de l'information et de la communication) et de la flexibilité du travail. C'était l'avènement de la « nouvelle économie », comme l'a baptisée l'hebdomadaire américain *Business Week* en décembre 1996. Si l'on en croit Bill Clinton qui s'exprimait au sommet « social-démocrate » de Florence en novembre 1999, celle-ci serait même un moyen de lutter efficacement contre les inégalités sociales ; il ajouta sans sourciller que les problèmes de l'Afrique seraient largement résolus lorsque chaque Africain aurait un ordinateur à sa disposition et serait connecté à Internet !

Ce discours hégémonique d'un capitalisme victorieux ayant surmonté ses contradictions était si fort qu'il avait déteint sur certains opposants à la mondialisation capitaliste. Parmi les plus célèbres, citons Michael Hardt et Antonio Negri : « Alors que nous écrivons ce livre, et que le XXe siècle touche à sa fin, le capitalisme est miraculeusement bien-portant et *son accumulation plus vigoureuse que jamais* [1]. » Depuis 2001, le ralentissement de la croissance des États-Unis a brusquement démodé ces discours prophétiques.

Où se cache la nouvelle économie américaine ?

Une première façon de contester l'avènement d'un *New Age* est de relativiser le niveau de la croissance américaine de ces dernières années à travers l'observation des chiffres de longue période. Sur les cinquante dernières années, la période récente est marquée par un ralentissement très net. C'est ainsi que si la croissance annuelle moyenne s'était poursuivie au

1. Michael HARDT et Antonio NEGRI, *Empire*, Exils Éditeur, Paris, 2000, p. 331.

même rythme qu'entre 1950 et 1970, le PIB (produit intérieur brut) aurait été à un niveau supérieur de 20 % à ce qu'il était en 1998 [2]. Ce déclin sur le long terme de la croissance américaine s'inscrit dans une tendance mondiale de ralentissement de la croissance : le taux de croissance annuel médian [3] du PIB par habitant des pays de l'OCDE (les pays riches) est passé de 3,4 % dans la période 1960-1979 à 1,8 % dans la période 1980-1998 (et de 2,5 % à 0 % dans le reste du monde) [4] — et ce ralentissement apparaîtrait encore plus marqué si nous disposions des chiffres de 1999-2002. Ces chiffres contrastent fortement avec l'optimisme dominant de la fin des années 1990. De plus, les pays pauvres se sont appauvris relativement aux pays riches, et pour la moitié d'entre eux ont même connu un taux de croissance moyen du PIB par habitant *négatif* ces vingt dernières années. Ne pourrait-on pas en conclure que l'économie mondiale s'essouffle et est de plus en plus inégalitaire ?

Enfin, il faut souligner que si le taux de croissance moyen du PIB par habitant aux États-Unis est généralement considéré comme fort dans les années 1990 (2,53 %), c'est uniquement relativement à celle des autres pays, notamment ses concurrents directs, Europe (1,35 % pour la France au cours de cette période) et Japon. En effet, le taux de croissance par habitant aux États-Unis a été légèrement inférieur dans les années 1990 à celui des années antérieures (3,06 % en 1960-1969, 2,57 % en 1969-1991, contre respectivement 4,65 % et 3,90 % pour la France).

La croissance des années 1990 aux États-Unis n'a donc rien de spectaculaire quant à son niveau. Le plus surprenant est par contre sa stabilité entre 1991 et 2000. Les analystes économiques, du fait des fluctuations antérieures du PIB, s'attendaient à un déclin du taux de croissance à partir de 1995-1996. Or, il n'en a rien été et on a constaté au contraire une augmentation du taux de croissance par habitant à partir

---

2. D'après les calculs de la *Monthly Review* d'avril 2002.

3. Ce taux est défini de telle façon que la moitié des pays du groupe envisagé ont connu une croissance inférieure à ce taux, et l'autre moitié une croissance supérieure.

4. *Monthly Review*, avril 2002.

du milieu des années 1990 (de 1,61 % en 1995 à 2,95 % en 1997 et 4,07 % en 1999). L'absence de crise et même de ralentissement, pendant dix ans, constituait pour beaucoup le signe de l'entrée dans une nouvelle phase longue de croissance sans cycle.

Pour détecter une telle évolution, il faut mettre en exergue un changement significatif dans les relations entre variables économiques fondamentales. Une étude de Michel Husson[5], fondée sur des comparaisons chiffrées entre la période 1995-2000 (période supposée d'émergence de la nouvelle économie) et la période précédente (1961-1994), montre que tel n'est pas le cas. En particulier, les gains de productivité, qui permettent de produire plus de biens et services avec la même quantité de travail, s'ils ont augmenté dans les années 1990 aux États-Unis, n'ont rien d'exceptionnel par rapport à leur niveau passé. Ainsi, les hausses conséquentes (mais nullement sans précédent) de la productivité du travail, à la fin des années 1990, ne peuvent pas être attribuées à un nouveau paradigme technologique et social, caractérisé par des économies en capital investi, mais à des facteurs tout à fait traditionnels comme l'effort d'investissement et une demande soutenue de biens et services.

En outre, beaucoup d'économistes ont mis en avant la baisse du prix des machines induite par les nouvelles technologies, qui permettrait à la productivité de croître durablement à un rythme plus soutenu. C'était oublier l'obsolescence rapide des machines dans les secteurs *high tech* et, au total, le coût de ces équipements reste élevé. C'est pourquoi on peut dire qu'aujourd'hui les NTIC ne sont pas (encore ?) devenues le moteur suffisant d'une nouvelle phase longue de croissance du capitalisme.

Les dessous du « modèle » américain

Mais si l'on n'est pas entré dans un *New Age* cybernétique, il est certain en revanche que la période qui s'est ouverte dans

5. Michel Husson, « Après la nouvelle économie », disponible à l'adresse suivante : <http://hussonet.free.fr/apres.pdf>.

les années 1980 est marquée par la montée en puissance de la finance, qui a bouleversé le fonctionnement de l'économie. Beaucoup d'économistes, comme Frédéric Lordon [6] ou François Chesnais [7], parlent de la mise en place d'un régime d'accumulation « financiarisé » ou « à dominante financière » à propos des vingt dernières années du XXe siècle. Les rentiers (détenteurs d'actions et d'obligations), dont la richesse avait été rognée durant les Trente Glorieuses (1945-1974), sous l'effet de l'inflation alors tolérée, prennent leur revanche. Cette transformation aurait été impossible sans les décisions politiques d'augmenter les taux d'intérêt et de libéraliser les marchés financiers [8].

Le rétablissement (après la baisse du taux de profit au cours des années 1960 et 1970) de la rentabilité des entreprises ne s'est pas fait sur un mode « progressif » de réduction des inégalités et de progrès technique généralisé comme c'est en principe le cas lors des phases longues de croissance. Il s'est fait au contraire sur un mode « régressif » de blocage salarial, d'accumulation ralentie et d'inégalités sociales croissantes. Une des caractéristiques les plus significatives de ce nouveau régime est en effet le creusement des inégalités [III, 12]. Une étude de Louis Chauvel [9] nous incite ainsi à nous méfier des indicateurs *en moyenne* qui masquent les inégalités réelles. On apprend par exemple dans cette étude que, aux États-Unis, pour les salariés à temps plein (les plus « chanceux »), le niveau du salaire réel horaire médian, qui sépare la moitié des salariés la mieux payée de la moitié des moins bien payés, a *baissé* de 0,2 % entre 1992 et 2000. En outre, après une longue période de baisse après guerre, le taux de pauvreté relative [10] a augmenté, passant de 18 % en 1970 à 21 % en 1990, avant de très légèrement baisser dans les

6. Frédéric LORDON, *Fonds de pension, pièges à cons ?*, *op. cit.*

7. François CHESNAIS, *La Mondialisation du capital*, Syros, Paris, 1998.

8. Voir Gérard DUMÉNIL et Dominique LÉVY, « Coûts et avantages du néolibéralisme », *La Lettre de la régulation*, 1998. Disponible sur le site <http://www.cepremap.ens.fr/~levy/>.

9. Louis CHAUVEL, « Un nouvel âge de la société américaine ? », *Revue de l'OFCE*, n° 76, janvier 2000.

10. Indiquant la proportion d'individus dont le niveau de vie est inférieur à la moitié du niveau de vie médian.

années 1990, restant toutefois à un niveau supérieur à 20 % (contre environ 12 % pour la plupart des pays européens).

Pour maintenir leur consommation malgré la baisse de leur salaire réel horaire, de nombreux ménages ont dû sensiblement augmenter leur temps de travail. Une étude [11] estime ainsi que le nombre moyen d'heures travaillées par les familles où les deux époux travaillent a augmenté de 20 % entre 1971 et 1988. Beaucoup de ménages américains ne doivent ainsi l'augmentation de leur pouvoir d'achat qu'à l'augmentation de leur temps de travail. On observe en outre une explosion du nombre des *working poors*, ces ménages dont les revenus ne suffisent pas à assurer un train de vie décent [III, 13]. Il faut ajouter que cette précarisation des conditions de vie est renforcée par des aides publiques de plus en plus rares et conditionnelles. La valeur en dollars constants (c'est-à-dire hors inflation) de l'aide sociale aurait ainsi chuté de 30 % entre 1972 et 1993 [12]. La réduction du taux de chômage au cours des années 1990 (d'un peu plus de 7 % en 1992 à 4 % en 2000) ne signifie donc en aucun cas réduction de la pauvreté.

La « régressivité » du capitalisme américain se manifeste également à un autre niveau. Les NTIC sont potentiellement porteuses d'une logique de partage et de mutualisation des connaissances, comme en témoigne le développement du logiciel libre [13], en contradiction avec la logique capitaliste de la valorisation (monétaire) du capital investi. Afin de garantir leur taux de profit, les détenteurs de capitaux doivent donc entraver le développement du progrès technique et la diffusion libre. Pour cela, ils brident le potentiel des NTIC (par la création par exemple de CD non reproductibles pour répondre au piratage) et mobilisent des procédés juridiques (brevets, licences) qui rendent nécessaire le paiement pour avoir accès aux informations, données, etc. On peut d'ailleurs remarquer que ce genre de productions « artificielles » surévalue

11. Barry Bluestone et Stephen Rose, « The growth in work time and the implication for macro policy », *Jerome Levy Economics Institute Working Paper*, n° 204, 1997. Disponible sur le site <http://www.levy.org>.

12. *New York Times*, 30 août 1994.

13. Les logiciels libres sont des logiciels que l'on peut se procurer gratuitement. Il est non seulement possible de les utiliser, mais également de les redistribuer, et même de les modifier et de diffuser les versions modifiées.

d'autant le PIB, donc la mesure de la croissance. En effet, tout ce qui est gratuit ne dégage pas de valeur ajoutée (au sens de la comptabilité nationale) et n'est donc pas pris en compte dans le calcul du PIB [V, 19].

Ainsi, une partie importante de la croissance potentielle que permettraient les NTIC demeure inexploitée. Avec les NTIC, l'analyse de Marx selon laquelle « la véritable barrière de la production capitaliste, c'est le capital lui-même [14] » n'a jamais été aussi actuelle. Plus grave, le contenu de la croissance est de moins en moins source de bien-être.

Un modèle non exportable : la position particulière des États-Unis dans le monde

Une faiblesse majeure de ceux qui veulent généraliser le modèle américain au reste du monde est le raisonnement « toutes choses égales par ailleurs », cher aux économistes, selon lequel on peut étudier une caractéristique hors de son contexte. Or procéder ainsi, c'est faire comme si l'apparition des États-Unis, dans les années 1990, comme un îlot de croissance dans un monde frappé par la crise n'était explicable que par des facteurs internes. C'est d'ailleurs ici un exemple de la pauvreté des approches économicistes qui voudraient se passer de l'histoire, de l'étude des processus sociaux et politiques à l'œuvre dans l'établissement de rapports de force sans lesquels on ne peut comprendre les phénomènes « économiques ».

Or les États-Unis jouissent d'un privilège unique : celui de disposer d'une monnaie mondiale avec le dollar. Avec un déficit de la balance extérieure courante de l'ampleur de celui des États-Unis depuis le milieu des années 1990 (qui plus est croissant, de 1,7 % du PIB en 1997 à 4,5 % en 2000, niveaux qu'aucun pays industriel n'a connus sur une aussi longue période), un autre pays aurait dû voir sa monnaie s'effondrer. Mais le dollar étant la monnaie de la première puissance

14. Karl MARX, *Le Capital*, livre III, La Pléiade, tome II, p. 1032.

mondiale, les détenteurs étrangers de dollars ont accepté de les conserver, évitant ainsi une chute vertigineuse de son cours.

En fait, les Américains vivent véritablement à crédit sur le reste du monde : ils financent leur déficit extérieur avec l'épargne des autres pays [II, 9], en particulier celle des retraités japonais, *via* les fonds de retraite par capitalisation. Les crises financières asiatique, russe et sud-américaine, dans la seconde moitié des années 1990, ont renforcé ce phénomène, en provoquant une fuite massive des capitaux des pays touchés vers Wall Street, la place financière du monde qui inspirait plus que jamais une confiance indéfectible aux investisseurs. C'est cette abondance permanente de capitaux qui a rendu si aisée la poursuite d'une politique monétaire expansionniste : cela a permis de conserver des taux d'intérêt bas, donc a favorisé le crédit — aux entreprises pour financer de nouveaux investissements, aux particuliers pour leur consommation — et ainsi toute l'activité économique. Le rôle des capitaux étrangers, ainsi que la baisse du prix des matières premières consécutive à la crise asiatique de 1997 sont donc essentiels pour comprendre la croissance de cette période.

Les années 1995-2000 : les bases fragiles et explosives de la croissance américaine

L'autre facteur qui a alimenté la croissance est la bulle financière des années 1995-2000, laquelle s'est formée sous l'action conjuguée de l'afflux des capitaux placés auparavant en Asie, et surtout sous l'effet autoréalisant du discours sur la « nouvelle économie ». Comme l'indique Robert Brenner [15], « la nouvelle économie comme idéologie de la fuite en avant du marché boursier » s'est imposée comme une évidence, et tout discours rappelant que l'évolution réelle de l'économie ne suivait pas le rythme fou des cours boursiers [I, 3 ; V, 22] é ait à l'époque inaudible.

15. Robert BRENNER, *The Boom and The Bubble. The US in the World Ecoιomy*, Verso Press, Londres, 2002.

Le boom économique de la fin des années 1990 a été tiré par la bulle financière à travers un double effet : d'une part, les ménages détenant un portefeuille d'actions ont vu leur richesse financière s'accroître sensiblement, ce qui les a encouragés à consommer en s'endettant de plus en plus ; d'autre part, les entreprises, dont le cours des actions s'est envolé malgré un tassement de leur rentabilité, ont eu facilement accès aux financements et ont donc beaucoup (sur)investi. La hausse de la Bourse a ainsi entretenu celle de la consommation des ménages et de l'investissement des entreprises. Mais les facteurs jusque-là favorables à la croissance allaient ensuite, à partir du milieu de l'année 2000, expliquer son ralentissement.

D'abord, la crise des pays émergents, si elle a semblé bénéfique aux États-Unis dans un premier temps, a affecté la croissance américaine *via* la baisse des exportations en destination de ces pays en crise.

En outre, la bulle financière devait éclater, la richesse virtuelle des titres n'ayant plus de contrepartie réelle suffisante. Consciente de la dépendance malsaine de la croissance vis-à-vis des vicissitudes boursières, la Réserve fédérale (banque centrale) américaine a tout fait pour retarder l'échéance. Par des baisses successives de taux d'intérêt à partir de 1998, elle a soutenu le cours des actions en les rendant plus attrayantes pour les investisseurs que les obligations. Mais finalement, en 2000, la chute de Wall Street commença. Les révélations de fraude comptable dans certaines grandes entreprises avec la complicité des cabinets d'audit (affaire Enron) n'ont fait que précipiter la chute annoncée. Notons qu'il ne s'agit en aucun cas d'un épiphénomène, mais plutôt d'une « règle » de gestion dans un système obnubilé par les valorisations boursières. Le « capitalisme de copains », tant critiqué en Asie en 1997, existe aussi en Occident[16] ! L'effondrement de la Bourse et les conséquences négatives de la crise des pays émergents ont donc plongé les États-Unis dans la crise à partir de 2001, mettant fin au mythe de la « nouvelle économie » et d'une croissance régulière et perpétuelle.

---

16. Mettant ainsi à mal le mythe de la transparence du nouveau capitalisme sous la domination des actionnaires.

La « nouvelle économie » est mort-née. Idéologie révélatrice de l'émerveillement devant la technique et la nouveauté au service des intérêts commerciaux de certaines firmes, discours normatif qui établit une frontière entre les *in* et les *out*, comme aurait dit Gainsbourg, la « nouvelle économie » devait définir l'avenir, le chemin du « progrès », véritable sommation à copier le « modèle américain » sous peine d'être rejeté dans le camp de la réaction et du passé. L'épisode de ces dernières années pourrait-il enseigner à la presse, notamment économique, à ne pas parier trop vite sur des théories « branchées » pour éviter la célébration de révolutions « virtuelles » ? Après tout, à chacun ses spéculations…

21 “Dans les sociétés libérales, les individus gagnent ce qu'ils méritent”

Julien Mattern

« Nous pouvons nous passer de journalistes, de médecins, de professeurs, de fonctionnaires, de cadres et d'ingénieurs, pas de créateurs d'entreprise. Aussi longtemps que la France misera sur l'économie de marché, elle devra tout faire pour favoriser les candidats à la fortune capitaliste. Et tant mieux s'ils ramassent de gros dividendes. Il faut que l'audace paie. »

François DE CLOSETS, *Toujours plus !*,
Grasset, Paris, 1982, p. 130.

« J'ai gagné 20 millions de francs bruts l'an dernier [...]. Je comprends que cela puisse choquer, mais ce salaire, c'est le prix de la responsabilité. »

Jean-Marie MESSIER, début 2001,
sur son site Internet <www.j6m.com>.

Il arrive parfois que la presse s'accorde, après la défaite d'une équipe de football ou les mauvais résultats d'une entreprise, pour juger indécentes ou exagérées certaines rémunérations : on dénonce alors volontiers les revenus de tel ou tel patron, tandis que les idoles de la veille subissent la vindicte publique pour leur salaire soudain jugé scandaleux. Mais, au-delà des critiques de circonstance portant sur des sommes injustifiables, on retrouve très souvent la même célébration des grandes fortunes et des inégalités de revenus : à coup de portraits flatteurs du « manager de l'année », de reportages admiratifs sur les « petits Français partis de rien qui font fortune aux États-Unis », de glorifications des « stars du football hexagonal qui font les succès des grands clubs d'Europe », c'est bien le même slogan publicitaire devenu axiome de notre société (à moins que ce ne soit l'inverse) qui sous-tend les discours : « Ils le valent bien. »

Ainsi, il n'y aurait pas lieu de s'offusquer des inégalités de revenus, celles-ci ne faisant que refléter les mérites respectifs de chacun : des revenus plus importants sont par exemple censés récompenser les travailleurs plus efficaces que les autres, ceux qui consentent à un travail plus pénible ou plus risqué, ceux qui doivent supporter le « poids de la responsabilité », ou encore ceux qui sont tout simplement exceptionnellement doués. Ce genre de considérations s'inscrit dans un discours global de célébration de la société néolibérale en gestation depuis une vingtaine d'années, à l'appui des réformes qui la mettent en place. Qu'en est-il au juste du rapport entre la valeur du travail effectué et sa rémunération ?

Rémunération et productivité

Les écarts de salaire sont communément justifiés comme étant la contrepartie des écarts de « productivité » entre travailleurs. Plus généralement, on explique que si certains gagnent beaucoup et d'autres très peu, c'est qu'il y a des gens infiniment plus efficaces que d'autres… Dans cette hypothèse, on comprend mal que les revenus de certains puissent monter si haut. Comment soutenir par exemple que les sommes parfois exorbitantes touchées par les grands patrons (sous une forme ou une autre : salaires, *stock options* [V, 22], jetons de présence dans les différents conseils d'administration, primes de départ) reflètent la qualité de leur travail et leur talent de manager, quand les écarts avec la moyenne des rémunérations atteignent de telles proportions ?

En France, les hauts dirigeants sont ceux qui ont vu leur salaire augmenter le plus entre 1997 et 2002, profitant de la croissance avec leurs bonis, de la hausse de la Bourse avec leurs *stock options*, protégés de tous les aléas de carrière par des *golden parachutes* : le salaire brut d'un P-DG a progressé de 48,1 % sur la période, celui d'un directeur administratif et financier de 40,8 % [1]. La France se rapproche ainsi du « modèle » américain où, pendant les années 1990, la paie du salarié moyen a augmenté de 32 % et les profits de 116 %, tandis que la rémunération des P-DG augmentait de... 535 % ! Jack Welch, ex-patron de General Electric, a touché en 2000 l'équivalent du salaire de 21 578 smicards ou 9 061 salariés moyens [2].

Quel travail peut bien justifier de telles sommes ? Et que dire des 3,3 milliards de dollars perçus entre 1999 et 2001 par ces vingt-cinq grands patrons dont les entreprises ont fait faillite entre janvier 2001 et l'été 2002, coûtant leur emploi à près de 100 000 personnes [3] ? En fait, on ne saurait trop insister sur l'importance des rapports de force entre acteurs dans les entreprises : si le salaire des grands patrons peut s'envoler ainsi, c'est avant tout parce que beaucoup les fixent eux-mêmes, directement ou par l'intermédiaire de conseils d'administration qu'ils contrôlent. Il faut également rappeler à quel point la notion de productivité individuelle est problématique [4]. Le même salarié peut ainsi voir sa productivité considérablement varier en fonction de ses collègues, de l'organisation du travail et des conditions techniques qui l'entourent — et ce d'autant plus que son travail dépend de biens et de services dont il ne maîtrise pas lui-même la production [III, 10].

Il y a plus. L'éducation et la santé de chaque individu « performant » ont le plus souvent été assurées, tout au long de sa vie passée, par les membres de la société au sein de laquelle il vit. C'est dire à quel point l'idée de productivité individuelle est une fiction, puisque la productivité est en grande partie sociale [IV, 14]. Et vouloir indexer la rémunération sur la productivité individuelle ne relève tout au plus que d'une stratégie de management, dont l'éventuelle application, comme toutes les formes de rémunération du travail, dépend toujours *en premier lieu* de l'organisation sociale et des rapports de force dans lesquels elle s'inscrit.

---

1. Christine MITAL, « Les vrais salaires des Français », *Le Nouvel Observateur*, n° 1975, septembre 2002.
2. Philippe BOULET-GERCOURT, « Au pays des patrons voraces », *Le Nouvel Observateur*, 27 juin-3 juillet 2002.
3. « Les barons de la faillite », *Les Échos*, 5 août 2002.
4. Voir Jean GADREY, *Services : la productivité en question*, *op. cit.*

L'évolution du prix des services médicaux en Angleterre en est un exemple suggestif : au début du XXe siècle, alors que les médecins professionnels pratiquaient des tarifs bien trop élevés pour la plupart des ouvriers, ceux-ci s'étaient regroupés au sein de sociétés locales de secours mutuel qui prenaient en charge la santé de leurs membres. Ces sociétés sélectionnaient elles-mêmes des médecins qui, en contrepartie d'une clientèle garantie, assuraient un service médical d'une qualité au moins égale à celles de leurs collègues libéraux, mais à des prix très inférieurs. En outre, un système d'évaluation, par les sociétaires, des services rendus incitait les médecins à garantir la qualité des soins et à modérer leurs coûts, en réduisant autant que possible les prescriptions de médicaments. L'hostilité des associations de médecins professionnels et des sociétés d'assurance privées, qui firent pression sur les gouvernements pour amender à leur profit la législation, eut finalement raison de cette organisation originale du système de santé. Il en résulta une hausse considérable des coûts des prestations médicales [5] ; une hausse qui ne reflétait évidemment pas un bond de la « productivité » des médecins, mais était la conséquence directe du changement de l'organisation sociale et politique de leur travail. On pourrait multiplier les exemples de ce type.

Rémunération et pénibilité du travail

On peut soutenir que la peine endurée par le travailleur, l'effort fourni ou encore le risque pris dans l'accomplissement de son travail constituent des déterminants importants de son « mérite ». Ainsi, « idéalement », la rémunération des salariés devrait être d'autant plus élevée que leur tâche est pénible [V, 18]. Or, le moins qu'on puisse dire est que les enquêtes portant sur les conditions de travail n'accréditent pas vraiment l'existence d'une prime globale à la pénibilité du travail. Comme le notent Christian Baudelot et Michel Gollac, « un salarié qui

5. Pour plus de détails sur cet épisode, se reporter à David SCHMIDTZ et Robert E. GOODIN, *Social Welfare and Individual Responsibility*, Cambridge University Press, Cambridge, 1998.

accepte, ou se voit imposer, de porter des charges lourdes, de travailler dans une posture pénible, dans un lieu humide où la température est souvent très basse, touchera, toutes choses égales d'ailleurs, *près de 9 % en moins* [6] ».

À rebours de ce que prévoit la théorie économique standard, salaire bas et travail pénible vont donc de pair dans bien des cas : porter une charge lourde ou risquer de faire une chute grave font ainsi baisser le salaire, respectivement de 3,4 % et 1,5 %. Il est vrai qu'une prime récompense effectivement certaines tâches plus pénibles ou plus risquées que d'autres : ainsi, le fait d'être soumis dans son travail à une température très élevée tend à rapporter un peu plus, comme celui d'être soumis à des risques d'irradiation (+ 4 %) et d'accidents de la circulation (+ 2,4 %). Mais l'existence de ces (faibles) primes de risque relève-t-elle bien d'un mécanisme marchand de compensation ?

Soulignons d'abord que la notion de pénibilité n'est pas simple et univoque : certaines pénibilités sont sans doute faciles à reconnaître, et les parties tomberont aisément d'accord sur le fait qu'un salarié y est ou non soumis. Mais d'autres sont beaucoup plus difficiles à objectiver, et il est quasiment impossible de déterminer leur degré, voire leur existence. Ainsi, pour certaines substances toxiques, les risques pour la santé ne sont perceptibles qu'à très long terme. De plus, même quand des critères assez objectifs permettraient de qualifier précisément la pénibilité du travail, l'existence d'une prime n'est en rien assurée. Encore faut-il pour cela que les *conditions concrètes* en soient réunies : pression des salariés, reconnaissance institutionnelle et symbolique de la nature du travail (notamment par les conventions collectives), bienveillance minimum des responsables…

Si le fait de porter des charges lourdes n'est pas compensé par une prime de salaire, c'est bien souvent parce qu'il s'agit d'emplois précaires, qui peuvent cumuler toutes sortes de pénibilités sans que les salariés aient les moyens de s'y opposer. Et la « rigidité » du marché du travail n'a rien à voir là-dedans, car il s'agit là précisément des secteurs les plus

6. Christian BAUDELOT et Michel GOLLAC, « Salaires et conditions de travail », *Économie et Statistique*, n° 265, 1993.

« flexibles ». Au contraire, pour certains emplois fortement sélectifs, strictement réglementés, et correspondant à des catégories socioprofessionnelles élevées, il n'est pas besoin de luttes pour imposer une prime (pilotes d'essai, astronautes...).

Le prix de la responsabilité

Les diverses primes dont jouissent certains sont également souvent justifiées par le « prix de la responsabilité », que font peser sur eux les conséquences « considérables » de leurs décisions. Ce serait d'ailleurs là une source de pénibilité à part entière, caractérisant exclusivement les postes de décision, ceux pour lesquels il est impossible de se réfugier dans la routine confortable d'un travail répétitif et d'un salaire stable et garanti.

À l'encontre de cette idée, on peut néanmoins soutenir que le travail routinier (précisément parce qu'il est routinier), le fait de recevoir des ordres, la pression permanente de la hiérarchie ou encore les différentes formes de harcèlement moral constituent des conditions de travail au moins aussi pénibles que celles des « décideurs ». Notons aussi que l'évolution actuelle de l'organisation du travail va précisément dans le sens de la « responsabilisation », c'est-à-dire de la généralisation d'une forme de pénibilité qui autrefois était spécifiquement prise en charge par les managers : de plus en plus de travailleurs sont ainsi directement confrontés à la pression des clients, et souvent contraints de s'adapter rapidement à des changements de dernière minute [7].

Pour sûr, certaines prises de décision n'ont rien de facile : la responsabilité incombant aux patrons qui licencient massivement (au risque de compromettre la vie économique de toute une région), ou prennent certaines orientations mettant en jeu l'avenir de leur entreprise, constitue bien une pénibilité à part entière. Mais rappelons que, en France, malgré la hausse de leurs salaires à l'été 2002, les ministres, dont les responsabilités sont comparables, gagneront toujours dix fois moins que les plus raisonnables des grands P-DG du CAC 40.

7. Voir Serge PAUGAM, *Le Salarié de la précarité*, PUF, Paris, 1999.

Rémunération et utilité sociale

Enfin, une autre explication couramment invoquée pour justifier certains revenus exorbitants consiste à les rapporter à l'« utilité » de leurs bénéficiaires : si, par exemple, il existe un public prêt à payer beaucoup pour assister au concert de tel artiste, c'est qu'il a quelque chose d'unique. Les sommes de plus en plus colossales brassées par l'industrie du divertissement de masse (musique, cinéma, sport…) trouveraient ainsi leur justification : s'il n'y avait personne pour regarder les retransmissions sportives, pour assister aux concerts et acheter les disques, pour regarder les émissions de télévision, les revenus de ces « artistes » seraient moins élevés. Si au contraire ces revenus explosent, c'est que leurs bénéficiaires le « méritent » d'une manière ou d'une autre, en « répondant » à certaines attentes de la société — directement lorsque c'est le public qui les paie, et indirectement lorsque ce sont leurs employeurs qui les rémunèrent. Certes, les revenus des stars de la pop et le « prix » de Zinedine Zidane ont peut-être quelque chose d'indécent, mais ce serait oublier qu'ils rapportent bien plus qu'ils ne coûtent à ceux qui les paient ou sont prêts à payer pour eux (maisons de disques, clubs, sponsors) ! Leurs revenus, conséquence directe de leur rentabilité, seraient donc à la mesure de leur utilité.

Indépendamment de tout jugement de valeur sur un système qui tend à imposer à des populations toujours plus importantes les mêmes sources de distraction [I, 4], il importe de bien voir en quoi toutes les notions (valeur, unicité) qui servent souvent à le décrire sont socialement construites. Le discours commun occulte cette dimension en rapportant directement la rémunération à des prestations et des caractéristiques individuelles. Mais le socle social et économique sur lesquelles se déploient ces caractéristiques n'est-il pas autrement plus important ? Zidane et Ronaldo ne sont sans doute pas plus talentueux que Platini et Pelé en leur temps. S'ils gagnent infiniment plus, c'est parce que le football est devenu une industrie. Les conditions techniques, qui permettent que les mêmes idoles puissent être célébrées en même temps par les foules du Brésil, d'Europe et du Japon ; les rapports de force entre les chaînes de télévision et les fédérations nationales ou les clubs ; l'explosion des sommes consacrées à la publicité par les grands équipementiers... : autant de facteurs déterminants dans une évolution qui substitue à une multitude de talents locaux et de petites célébrités des champions universels sur lesquels se concentrent toutes les richesses et toutes les attentions.

Et l'on ne peut comprendre ce phénomène en se contentant de comparaisons entre « valeurs » individuelles : les individus réels ont en fait très peu d'importance, aussi « uniques » soient-ils. On remplace très facilement un champion ou un artiste, pourvu qu'on en ait les moyens. Mais on ne se passe pas de leur fonction. À partir d'un certain niveau, la rémunération des sportifs (mais on pourrait dire la même chose des artistes) n'a donc que peu à voir avec leur talent propre. Elle n'a rien d'évident ni de naturel, et constitue plutôt l'aboutissement d'un processus historique, social et politique tout à fait particulier, qui étend au monde entier les mêmes catégories d'évaluation du « talent » et crée la rareté des stars.

En contrepoint de la célébration de l'utopique « société libérale » où chacun gagnerait ce qu'il mérite, il y a très souvent la dénonciation d'un monde archaïque qui en retarderait encore l'avènement. Ainsi, les louanges parfois adressées aux « dévouées infirmières » ou aux « enseignants courageux » sont noyées sous le flot d'imprécations dénonçant la sécurité de l'emploi dont ils jouissent comme un odieux privilège. Tout comme les discours souvent pleins de sympathie envers ces artisans attachés à la qualité de leur travail, ou ces petits agriculteurs qui n'ont pas pour ambition l'exportation massive, mais simplement une production à l'échelle humaine et respectueuse de la nature : ne nuisent-ils pas en effet à la compétitivité économique de la France, avec leur absence d'ambition et leur manque d'audace ? Et n'est-ce pas céder à une coupable nostalgie que de refuser de voir dans leur disparition le signe d'une modernisation prometteuse ?

En fait, le discrédit est ainsi jeté sur toutes les relations sociales non encore orientées par une logique d'accumulation capitaliste. Il vise également un certain type d'organisation de la société qui cherchait précisément à contenir et encadrer cette logique : retraites par répartition [IV, 17], conventions collectives, service public, sécurité de l'emploi [III, 11].

Autant de réalités obsolètes qui devraient s'effacer pour préparer un avenir fait de privatisations [I, 1], d'hégémonie des marchés financiers, d'individualisation des rémunérations et des statuts. Dans cette société « vraiment libérale », on serait enfin libéré de cette méfiance (« tellement française ») vis-à-vis de l'argent, et de tous les « carcans idéologiques » qui complexent les créateurs de richesse.

On a vu cependant ce qu'il en était de la rémunération des individus dans une société qui laisse de plus en plus de place aux mécanismes de marché. Nul besoin de prétendre dissocier ce qui relève de la « science économique » (pratiquement rien), de l'utopie naïve et de la pure manipulation dans la répétition forcenée de l'idée que chacun y gagne ce qu'il mérite. En réalité, dans les « sociétés de marché » qu'on nous érige en modèle (et qui sont déjà en grande partie les nôtres), c'est avant tout lorsqu'on contribue à la logique d'accumulation pour elle-même que l'on gagne beaucoup. Et cette célébration n'a rien de neutre : les « ambassadeurs mondiaux » du basket et du football sont les agents par lesquels les industries dont ils dépendent élargissent leurs débouchés et s'assurent de leur monopole sur les marchés ainsi créés. Par eux se développe le monde qui les justifie et les rend nécessaires.

Mais qui peut nier que cette logique d'accumulation ne cesse de s'éloigner des véritables besoins humains, et rend chaque jour plus difficile leur expression politique ? Il est urgent de (ré)ouvrir la réflexion sur la notion d'utilité sociale et de ne pas se contenter des oukases de ceux qui voudraient clore le débat. À moins, bien sûr, que l'on n'ait rien à redire à ce monde si parfait où chacun doit être libre de « profiter des opportunités qui s'offrent à lui » en écrasant les autres.

22 “Tout le monde peut s’enrichir en Bourse”

Frédéric Moyer

« À l’affût ! La plongée des principales places financières de la planète ne fait pas que des malheureux. Loin de là. Tous les spéculateurs savent que c’est au cœur de la tourmente que s’ouvre la chasse aux bonnes affaires. Dans un marché en chute libre, tous les titres dégringolent. Et, à condition de savoir faire le tri, il devient possible d’acheter pour une bouchée de pain des actions qui vaudront de l’or quand elles auront rebondi. »

Jacques SECONDI, *L’Expansion*, 9 novembre 2000.

« La Bourse reste, sur une longue période, le meilleur placement. […] Dans le cas français, […] on voit que la probabilité de réaliser un gain est de 100 % si les actions sont gardées pendant trente ans. »

Jean-Paul BETBÈZE, « Faut-il retourner en Bourse ? », *Le Monde*, supplément Économie, 1er octobre 2002, p. V.

Plus qu’une idée reçue, un fantasme collectif : une nouvelle ruée vers l’or. Investissez en Bourse, ça n’arrête pas de grimper, tout le monde est gagnant. Ils sont (étaient) nombreux à avoir pris le train sans réfléchir : était-il réaliste de croire qu’en Bourse tout le monde peut gagner alors que l’échange ne naît que d’anticipations opposées quant à la variation future du cours ? Il faut étudier les conditions qui ont donné naissance à cette idée selon laquelle tout le monde pouvait s’enrichir facilement, alors qu’une hausse *indéfinie* des cours boursiers, qui profite à tout le monde en même temps, est impossible.

Qu'est-ce que la Bourse ?

La Bourse ? Non : *les* marchés financiers. Le terme « Bourse » recouvre des réalités bien différentes. Ainsi, à Paris, on peut distinguer :

— le premier marché, qui regroupe les grandes entreprises françaises et étrangères ayant une capitalisation boursière (nombre de titres émis multiplié par le cours du titre) d'au moins 750 millions d'euros et qui proposent 25 % minimum de leur capital au public ;

— le second marché, créé en 1983 pour permettre l'introduction en Bourse d'entreprises plus petites (critères de capitalisation : 12 millions d'euros et ouverture de capital minimum 10 %) ;

— le nouveau marché, inspiré du Nasdaq américain, pour lequel les procédures d'introduction sont très simplifiées et qui accueille de jeunes entreprises innovantes, à fort potentiel de croissance et conjointement à haut risque.

Quels sont les produits échangés (donc cotés) sur ces marchés ? En laissant de côté les produits complexes (options, *swaps*, *warrants*...), il reste essentiellement les actions et les obligations. Une action est un titre de propriété d'une entreprise correspondant à une partie de son capital. Un actionnaire devient propriétaire d'une part de l'entreprise et possède le droit de participer et de voter aux assemblées générales de celle-ci, à proportion de la part détenue.

Prenons un exemple : une entreprise a besoin d'argent pour financer un investissement. Ses actionnaires décident de proposer en Bourse 25 % de son capital, soit 1 000 000 d'euros sous la forme de 10 000 actions de 100 euros. L'émission de ces titres est réalisée sur le marché primaire (marché du neuf). Des investisseurs les achètent (ils deviennent propriétaires de 25 % de l'entreprise) et l'entreprise encaisse 1 000 000 d'euros (qu'elle n'a donc pas à emprunter). Mais la vie de ces 10 000 actions ne s'arrête pas ici. Elles font désormais l'objet d'échanges continus (qui ne rapportent plus rien à l'entreprise) sur le marché de l'occasion (marché secondaire). La confrontation de l'offre et de la demande de ces actions fait varier son cours. En revanche, pour celui qui détient une action, il y a deux moyens de gagner de l'argent :

si l'action est plus demandée qu'offerte, son cours va augmenter et le détenteur de l'action réalise une plus-value en la revendant ; l'autre moyen est de conserver cette action et d'espérer que, chaque année, l'entreprise fera des bénéfices et rémunérera ses actionnaires en leur en distribuant une partie (sous forme de dividendes).

L'autre grand type de titres est les obligations : ce sont des titres de créance qui correspondent à une partie d'un emprunt (à long terme) émis par une entreprise ou un État. Comment gagne-t-on de l'argent avec une obligation ? Premièrement, en la conservant et en touchant tous les ans les intérêts fixés (promis par l'émetteur de l'obligation) au moment de l'émission. Deuxièmement, en la revendant si son cours augmente. Exemple (très) fictif : le nouveau gouvernement décide de lancer un emprunt national pour financer une amélioration radicale de son système éducatif. Il émet 150 000 obligations à 10 euros, remboursables dans dix ans. Il promet de payer 10 % d'intérêts annuels. Concrètement, il a emprunté 1 500 000 euros, le détenteur d'une obligation touchera 1 euro par an et sera remboursé de 10 euros dans dix ans.

Tout cela posé, répondons à une question simple : la Bourse telle qu'elle est médiatisée désigne-t-elle l'ensemble des marchés sus-décrits ? Évidemment non ! Lorsqu'on entend les chroniqueurs s'enflammer sur les performances du CAC 40 ou pleurer sur ses dégringolades pathétiques, il s'agit du marché secondaire (d'occasion) des actions. C'est donc sur celui-ci que notre propos va porter.

Qu'est-ce qui fait qu'une action est demandée, que son cours augmente ou baisse ? Dans un idéal théorique (où les marchés seraient parfaits et les hommes rationnels), le cours de l'action devrait s'établir à un niveau de valorisation qui prenne en compte à la fois la valeur actuelle de l'entreprise (ce qu'elle possède moins ses dettes) et la valeur anticipée et actualisée de ses profits futurs.

Concrètement, un analyste financier qui fait correctement son travail étudie les documents comptables officiels (rapports annuels de l'entreprise) d'au moins les cinq dernières années, observe les marchés sur lesquels se positionne l'entreprise, ses perspectives de croissance, ses brevets, ses recherches en cours, les risques induits par le développement de nouvelles technologies, ses dirigeants et les stratégies qu'ils affichent. Cela lui permet de déterminer la valeur économique, dite « fondamentale », de l'entreprise. Cette valeur est convertie en valeur de l'action et l'analyste financier n'achètera des actions de cette entreprise que si le cours actuel est inférieur à ce cours estimé [1].

Cette démarche appelée *fondamentaliste* (puisque le cours est censé reposer sur les fondements économiques réels de la valeur de l'entreprise) exige du temps et a un coût important en terme d'acquisition de l'information. Résultat : la plupart des intervenants en Bourse ne sont pas fondamentalistes, leur décision d'achat est déconnectée d'une évaluation économique rigoureuse.

Naissance et propagation d'un mythe

À partir du milieu des années 1980 jusqu'en 2000, la combinaison de trois événements va donner naissance à l'idée reçue selon laquelle tout le monde peut s'enrichir facilement en investissant en Bourse.

Le premier événement, en France, est le bouleversement institutionnel qui suit la parution du *Livre blanc sur la réforme du financement de l'économie* en 1985. L'État décide d'en finir avec une économie d'« endettement », pour passer à une économie de « marchés financiers » [I, 3]. Pour ce faire, les activités bancaires sont décloisonnées et les établissements mis en concurrence, les marchés financiers sont déréglementés pour faciliter la circulation internationale des capitaux, les transactions sont dématérialisées et les cotations s'effectuent en continu. Résultat immédiat : les échanges se multiplient, les banques se font une concurrence accrue pour être acteurs de l'intermédiation financière. La concurrence s'accroît aussi pour les autres intervenants sur ces marchés, ce qui amène une recherche de gains à court terme : tout ce petit

1. L'analyste financier prudent prend même une sécurité de plus en n'achetant qu'à un cours inférieur de 30 % à 40 % au cours fondamental qu'il a calculé, car il sait que la partie anticipée de la valeur n'est pas certaine de se réaliser, puisque dépendante d'événements futurs non maîtrisables.

monde a intérêt à détenir des portefeuilles dont la valeur croît rapidement. Autre conséquence de ces bouleversements : la somme des informations disponibles et à maîtriser pour évaluer les titres augmente en flèche, tandis que le temps consacré au choix se réduit par nécessité de ne pas laisser passer des opportunités.

Le deuxième événement fut le développement des *stock options*[2] et de la course aux acquisitions dans les entreprises cotées. Un dirigeant a tout intérêt à ce que l'action de son entreprise ait un cours en constante hausse : en tant que détenteur de *stock options*, sa fortune (potentielle tant qu'il n'a pas revendu ses actions) s'élève ; et il peut espérer se maintenir à son poste, son entreprise étant à l'abri d'une prise de contrôle hostile, puisque le prix des actions, dont l'acquisition est nécessaire à cette prise de contrôle, est élevé. Seulement, c'est parfois (et de plus en plus) au détriment des fondamentaux. On a en effet vu se multiplier les *roadshows* à l'américaine de dirigeants passant plus de temps à soigner l'image de l'entreprise auprès des grands fonds de pension qu'à réfléchir à une stratégie pour dégager des profits sur le long terme[3].

Enfin, le troisième événement concerne plus particulièrement la décennie 1990-2000 avec la « nouvelle économie » et l'emballement médiatique qui l'a accompagnée. Le développement des nouvelles technologies de l'information et de la communication (Internet, téléphonie mobile) a été spectaculaire : en quelques années est née l'illusion d'un changement radical possible dans la structure économique. La révolution technologique a accrédité l'espoir d'une croissance illimitée, de gains de productivité énormes, d'un nouveau mode de consommation aux potentialités élevées en termes de débouchés [V, 20]. Les gains espérés, impossibles à évaluer, ont donné lieu à une orientation d'une part importante du capital vers les entreprises qui se centraient sur ces activités. Leur valorisation a été exponentielle, laissant

---

2. *Stock options* : forme de rémunération des dirigeants et cadres des entreprises cotées. Ils reçoivent des droits pour acheter à date donnée et à prix fixé par avance des actions de l'entreprise pour laquelle ils travaillent.

3. Voir Jean Gadrey, *Nouvelle économie, nouveau mythe ?*, Flammarion, coll. « Champs », Paris, 2000, chap. 7.

Le cas Vivendi-Messier

Les analystes financiers « fondamentalistes » savaient depuis longtemps que les engagements de Vivendi Universal dans les nouvelles technologies étaient catastrophiques, que la communication, le changement de comptabilité masquaient un endettement trop élevé et une stratégie confuse. Mais le charisme de Jean-Marie Messier, ses frasques américaines (appartement new-yorkais, dépenses somptuaires), la diversification du groupe des métiers de l'eau vers ceux liés aux nouvelles technologies ont aveuglé tout le monde et fait oublier le réel, les chiffres.

Résultat : un endettement record (mais battu depuis par France Télécom et ses 70 milliards d'euros de dettes), des pertes également records (12 milliards d'euros pour 2001), un « portail Internet » Vizzavi en cale sèche et, pour terminer, des procédures judiciaires pour abus de pouvoir, mensonge, dissimulation de chiffres, impulsées en 2002, après le départ de J.-M. Messier, par des actionnaires qui ont vu le cours flirter avec les 150 euros au premier trimestre 2000 pour tomber en septembre 2002 à 12,05 euros.

miroiter pour tout le monde l'espoir de gains en Bourse rapides, et importants. Cet attrait des investisseurs pour ce secteur a conduit les entreprises traditionnelles à investir elles-mêmes dans cette nouvelle activité.

Et comment ne serait-on pas pris à rêver en observant les courbes des actions des « .com » : « Un épargnant ayant simplement investi, le jour de leur introduction en Bourse, 1 000 dollars dans des actions de chacun des cinq grands d'Internet — AOL, Yahoo !, Amazon, AtHome, eBay —, aurait gagné, dès le 9 avril 1999, 1 million de dollars[4] ! » Tout le monde a voulu tenter sa chance et acquérir des actions, ce qui a contribué à une hausse durable et spectaculaire des Bourses mondiales jusqu'à ce qu'on s'aperçoive que les performances de ces entreprises étaient loin de tenir leurs

4. Ignacio RAMONET, « Nouvelle économie », *Le Monde diplomatique*, avril 2000. Lire le reste de l'article pour observer qu'il consistait en une mise en garde.

promesses et que leurs profits potentiels avaient été largement surestimés. À partir de la fin 2000, la prise de conscience est générale et c'est la crise, les Bourses désenflent.

Une nouvelle forme de rationalité : le mimétisme

Si l'on reprend les éléments précédents, on observe que tous les acteurs de la Bourse ont eu un comportement qui correspond à une forme de rationalité : pour gagner de l'argent, il suffit d'acheter une action d'une entreprise dont on prévoit que tout le monde voudra l'acheter. Alors son cours montera et on pourra la revendre avec profit. C'est ce que l'on appelle en économie les « prophéties autoréalisatrices » : il suffit que tout le monde pense que le cours va grimper pour acheter et donc faire réellement s'apprécier le titre. C'est ainsi que l'on s'éloigne des fondamentaux pour tomber dans le pari, la spéculation, le hasard.

Selon André Orléan [5], le marché boursier n'est pas fondamentaliste : les prix ne sont pas le reflet de fondamentaux, mais de « croyances partagées ». Ainsi la logique du marché met en œuvre une rationalité qu'il qualifie d'« autoréférentielle », au sens où tous les intervenants interprètent une nouvelle information non pas pour elle-même mais en anticipant ce que les autres interpréteront. Donc le marché peut monter longtemps avant qu'une information ne renverse la tendance ; la bulle dégonfle alors très rapidement comme l'illustre parfaitement le cas de la « nouvelle économie ».

En 2002, l'impact des grands scandales sur la qualité des informations transmises par les entreprises (comptes truqués d'Enron ou de WorldCom) avec l'aval des cabinets d'audit a renforcé cette incertitude. Elle est devenue si totale qu'elle a provoqué non seulement une crise boursière, mais une crise systémique : même les fondamentaux sont devenus difficiles à appréhender, puisque la crédibilité de l'information officielle, légale, s'est vue mise en cause. Dans un tel contexte,

5. André ORLÉAN, *Le Pouvoir de la finance*, Odile Jacob, Paris, 1999.

l'investissement en Bourse s'apparente plus que jamais à un pari, ce qui remet en cause le rôle théorique du marché comme allocataire « clairvoyant » des ressources (en capital) [II, 9].

Le cas de la France

Les Français sont-ils tombés dans le piège ? Ont-ils résisté au miroir aux alouettes ? L'évolution de la Bourse au cours des années 1990, les commentaires et reportages enthousiastes des médias ont conduit 38,3 % de la population de plus de quinze ans à investir en Bourse en 1998. Mais à la française : 55 % des portefeuilles sont inférieurs à 7 622 euros, 11,2 % seulement dépassent 38 112 euros ; et 52 % ne détiennent que des actions d'anciennes sociétés publiques. En 1998, 45 % de l'épargne est consacrée à des produits financiers, mais la plupart par le biais d'organismes de placement collectif.

Cependant, les Français ont oublié la même chose que tout le monde : quand on n'y connaît rien, tout placement en Bourse est un jeu où les gains ne sont que potentiels. Et tant pis pour les détenteurs d'actions France Télécom (dont le cours est passé de 125 euros début 1999 à 7,82 euros en septembre 2002), tant pis pour les détenteurs de PEA [6] dont les taux garantis sont inférieurs à celui du livret A, tant pis pour tous les boursicoteurs qui croyaient doubler leur fortune et ont dilapidé leur argent de poche pour la retraite — et dommage pour les salariés américains d'Enron qui n'ont plus de retraite du tout.

Une seule certitude : en Bourse, on peut gagner des fortunes, mais on peut aussi tout perdre. En l'absence de connaissances solides en économie (comptabilité, économie d'entreprise, droit) et de temps, l'investissement en Bourse reste un pari. Même avec ces connaissances, les fondamentalistes ne sont d'ailleurs pas à l'abri d'événements

6. Plan d'épargne en actions : ces plans ont attiré une part important de l'épargne puisque la liberté était laissée à l'épargnant de constituer lui-même son portefeuille ou de le confier à son intermédiaire habituel et que les conditions fiscales étaient intéressantes (a condition de le conserver plus de dix ans).

imprévisibles venant bouleverser radicalement la valeur d'une entreprise. Comment, dans de telles conditions, imaginer s'en remettre à ce système pour financer les retraites [IV, 17] ou faire de tous les salariés des actionnaires en remplaçant une partie de leur salaire par des actions ?

Au fait, dernière petite chose : en 1999, Philippe Jorion (université de Californie) et William N. Goetzmann (Yale School of Management) ont montré que, depuis 1921 (l'étude porte jusqu'en 1996), le rendement réel annuel moyen des marchés boursiers a été de 4,32 % pour les États-Unis, 0,75 % pour la France, 1,91 % pour l'Allemagne, 2,35 % pour le Japon, avec sur tous ces marchés des variations de cours très importantes (en moyenne 15 %)[7]. Après ce rappel, on ne regardera plus jamais de la même façon son livret A et ses 3 % de rendement, net d'impôts.

---

7. « Global stock markets in the twentieth century », *Journal of Finance*, vol. LIV, n° 3, juin 1999.

Les Éconoclastes

Matthieu Amiech est élève de l'ENS Cachan, en quatrième année.

Sylvain Billot est doctorant en économie à l'université de Paris-I.

Sébastien Chauvin, élève de l'ENS Ulm, est agrégé de sciences sociales et étudiant en DEA de sciences sociales à l'EHESS.

Manuel Domergue est élève à l'Institut d'études politiques de Paris.

Jean Gadrey est professeur de sciences économiques à l'université de Lille-I.

Bernard Guerrien est maître de conférences en sciences économiques à l'université de Paris-I.

Pierre-Antoine Kremp, élève de l'ENS Ulm, est agrégé de sciences sociales, et actuellement au département de sociologie de Princeton University (États-Unis).

Stéphanie Laguerodie est enseignante en économie à l'université de Marne-la-Vallée.

Philippe Légé est doctorant en économie à l'université de Paris-I.

Ioana Marinescu, élève de l'ENS Ulm, est doctorante en économie à la London School of Economics (Royaume-Uni).

Frédéric Marty, agrégé d'économie-gestion et auteur d'une thèse sur la réglementation du secteur électrique, est chercheur à l'IDHE (ENS Cachan).

Julien Mattern, agrégé de sciences sociales, est étudiant en DEA de sociologie à l'université de Paris-X-Nanterre.

Frédéric Moyer, agrégé d'économie-gestion, est enseignant dans le secondaire, à Paris.

Aurélie Pinto est élève de l'ENS Cachan, en deuxième année.

Gilles Raveaud, agrégé de sciences sociales, est doctorant à l'IDHE (ENS Cachan) et enseignant en économie à l'Institut d'études européennes (université de Paris-VIII-Saint-Denis).

Aurélien Saïdi, élève de l'ENS Cachan, est doctorant en économie à l'Institut universitaire européen de Florence (Italie).

Giovani Sanseverini est doctorant en économie à l'université de Paris-I.

Olivier Vaury est élève de l'ENS Ulm, en quatrième année.

Hélène Zajdela est professeur d'économie à l'université d'Évry-Val d'Essonne et chercheur au Matisse (université de Paris-I).

Table des idées reçues

BUSSIÈRE CAMEDAN IMPRIMERIES
GROUPE CPI

Composition Facompo, Lisieux
Impression réalisée sur Cameron
à Saint-Amand-Montrond (Cher)
en juin 2003 (2e tirage).
Dépôt légal du 1er tirage : 1er trimestre 2003.
N° d'impression : 032785/1.
Imprimé en France